탈코르셋 선언

페미니즘
철학 세미나
01

일상의 혁명
탈코르셋 선언

윤지선 · 윤김지영 지음

사월의책

탈코르셋 선언

1판 1쇄 발행 2019년 7월 15일

지은이 윤지선, 윤김지영
펴낸이 안희곤
펴낸곳 사월의책

편집 박동수
디자인 김현진

등록번호 2009년 8월 20일 제396-2009-126호
주소 경기도 고양시 일산동구 무궁화로 7-45 451호
전화 031)912-9491 | **팩스** 031)913-9491
이메일 aprilbooks@aprilbooks.net
홈페이지 www.aprilbooks.net
블로그 blog.naver.com/aprilbooks

ISBN 978-89-97186-81-5 04190
ISBN 978-89-97186-80-8 (세트)

* 책값은 뒤표지에 있습니다.
* 이 도서의 국립중앙도서관 출판예정도서목록(CIP)은 서지정보유통지원시스템 홈페이지(http://seoji.nl.go.kr)와 국가자료종합목록 구축시스템(http://kolis-net.nl.go.kr)에서 이용하실 수 있습니다. (CIP제어번호 : CIP2019022890)

여성이 스스로를 더 이상 성애적 욕망의 대상으로도,
세대 재생산 도구로도 환원되지 않는 존재임을
선언한다는 것은 무엇을 의미하는 것일까?

차례

머리말

이 책은 윤김지영과 윤지선이 공동으로 진행하고 있는 '페미니즘 철학 세미나'의 강연들을 보충, 수정하여 엮은 것입니다. 2017년부터 페미니즘 철학 세미나 강좌를 열게 된 것은 페미니즘 철학에 대한 페미니스트 다중들의 목마름과 관심에도 불구하고 대학의 교육과정이나 강의에서 페미니즘 철학과 사유가 제대로 다루어지고 있지 못하다는 점에 깊이 통감하고 있었기 때문이었습니다. 페미니즘 철학이 커리큘럼으로 제공되는 학교들이 매우 드문 상황에서 페미니스트 철학자들이 할 수 있는 일이란 누구나가 참여 가능한 세미나를 조직하는 것이라고 생각했고 이를 실행으로 옮긴 것이 바로 '페미니즘 철학 세미나' 강좌였습니다.

페미니즘 철학 세미나는 페미니즘에 관심 있는 많은 소모임들과 책읽기 모임들의 학생들이 페미니즘 이론의 개념적 층위들의 복잡함으로 인해 더 깊이 있는 이해의 길로 나아가지 못함을 호소하는 목소리에 응답하는 행위이며 현재 한국 사회에서 일어나는 페미니즘적 사안들에 대한 실천적 철학이론의 생성을 함께 나누고자 하는 일이기도 합니다.

페미니즘이야말로 현실에 관한 비판적 문제의식과 가장 첨예한 개념들이 생성되는 장이기에 페미니즘 철학 세미나는 2년 이상의 중장기 프로젝트로 기획되었으며 누구나가 참여 가능한 열린 세미나로 진행되었습니다. 이는 한국 사회의 페미니즘적 사안들에 대한 적극적인 이론적 개입 및 통찰과 더불어 현재의 페미니즘 물결을 기록하고 다중들과 함께 공유하는 기회이기도 했습니다. 페미니즘 철학이라는 새로운 인식론, 가치론, 존재론을 탐색하는 학문에 대한 호기심뿐만 아니라 페미니즘에 대한 열정을 가진 모든 분들이 함께 참여하여 매달 한 번씩 또는 두 번씩 매우 뜻깊은 시간을 가졌습니다.

또한 페미니즘 철학 세미나는 페미니즘 입문에만 머물거나 페미니즘에 대한 중급 이상의 체계적 지식을 얻기 위해 너무도 방황해야 했던 이들, 경제적 이유로 인해 페미니즘의 언어를 포기해야만 했던 이들에게 본격적으로 제공되는 지식의 장이 되고자 했습니다. 특히 지역적, 시간적 제약으로 인해 페미니즘 철학 세미나 강좌에 직접 참석할 수 없었던 분들에게도 이러한 기회가 제공되도록 하기 위해 이번에 사월의책 출판사와 함께 '페미니즘 철학 세미나' 시리즈를 출간하기로 하였습니다. 이 세미나 책은 페미니스트들에게 고도로 추상화된 언어를 제공함은 물론이며 다양한 개념 지형을 아우를 수 있는 비판적 관점을 기르도록 하여 일상에서 여성혐오와 맞서는 용감한 투쟁의 무기이자 영감의 원천이며 쉬어가는 그늘이 되고자 합니다.

'페미니즘 철학 세미나' 제1권인 『탈코르셋 선언』은 한국 사회를 뜨겁게 달구고 있는 탈코르셋 운동의 의미와 가치, 그 가능성과 역량을 철학적으로 진지하게 살펴보고 사유해보고자 합니다. 이 책의 본문을 구성하는 '일상의 혁명, 탈코르셋 선언' 부분은 윤지선이, 부록을 구성하는 '코르셋의 간략한 역사' 부분은 윤김지영이 맡았으며 대다수의 한국 여성들을 관통하는 현재의 페미니즘 이슈들에 관한 두 저자의 생생한 토론과 자료 및 의견 교환을 통해 보다 좋은 글과 내용이 나올 수 있었습니다.

탈코르셋에 관한 페미니즘 철학 세미나 강연 때 느꼈던 엄청난 열기와 관심, 많은 분들의 참여와 질문은 이때껏 여성들의 몸을 짓누르는 아름다움에 대한 강박과 억압이 얼마만큼이나 강력하고 고통스러운 사회적 명령이었는지를 방증하는 것이었습니다. 이 책은 탈코르셋 운동에 가해지는 반동의 공격들에 대한 이론적 반격이자 탈코르셋 실천 운동의 정당성에 대한 철학적 기반과 언어를 제공하는 개념적 무기로써 사용되길 바라며 쓰였습니다. 모쪼록 이 책이 페미니즘 물결의 역사 속에 자리매김한 한국 여성들의 탈코르셋 운동이 이론적 지평에서도 유의미한 실천으로 기록되고 기억될 수 있음을 증명하는 계기가 될 수 있기를 고대합니다.

윤지선

1강

탈코르셋 운동이란?

여러분과 탈코르셋 운동에 대해 이야기할 수 있는 기회를 갖게 되어 반갑습니다. 탈코르셋 운동에 관한 여러 가지 이슈와 논란, 논쟁들이 많았고 여전히 수많은 오해와 반발이 있지만, 정작 우리는 탈코르셋 운동이 어떤 맥락에서 비롯되었는지, 또한 그 의의는 무엇인지에 대해 깊이 따져보지 않았습니다. 이번 강의에서는 탈코르셋 운동의 의미와 가치를 진지하게 살펴보고 그 가능성에 대해 철학적으로 사유해보고자 합니다.[1]

전체 강의는 이렇게 진행됩니다. 먼저 탈코르셋 운동이 등장하게 된 맥락과 계기를 살펴보고 그 함의와 의의를 이야기할 것입니다. 그리고 한층 더 구체적으로 탈코르셋 운동이 펼치고 있는 다양한 활동의 면면을 상세히 살펴볼 것입니다. 특히 탈코르셋 운동에서 중요하게 등장하는 '꾸밈노동'이라는 용어가 갖는 의미를 짚어보고, 왜 외모 꾸미기가 여성의 개인적 '취향'으로 오인되는지에 대한 구조적 원인을 해부해보겠습니다. 나아가 여성의 몸이 지니는 '물질성'에 대해서도 심도 깊게 다뤄보겠습니다. 마지막 부분에서는 탈코르셋 운동을 실천하면서 겪게 되는 다양한 오해와 의문점에 대해 질의응답의 형식으로 이야기해볼 것입니다.

여성의 몸: 남성의 시선에 종속된 신체

우선 탈코르셋 운동의 의미를 자세히 살펴보기 전에 탈코르셋 운동이 일어나게 된 근본 배경에 대해서 간략히 짚고 넘어가기로 하겠습니다. 탈코르셋 운동은 여성에게 일방적으로 강요되어 왔던 각종 코르셋들, 즉 여성의 몸에 대한 숱한 통제들과 일상적 족쇄들을 벗어 던지고자 하는 운동입니다. 그렇다면 어째서 여성의 몸에는 그토록 수많은 코르셋들이 씌워져 왔을까요? 그 원인과 이유를 먼저 밝혀보도록 하겠습니다.

여성의 몸이 우리 사회에서 도대체 어떤 방식으로 다뤄지고 있는지에 대해서 한번 생각을 해봅시다. 여러분들이 보고 있는 미디어나 영화, 아이돌 문화, 사진 같은 이미지들을 한번 머릿 속에 띄워보시기 바랍니다. 그랬을 때 여성의 몸과 섹슈얼리티는 어떤 방식으로 우리에게 드러나고 있을까요?

여성의 몸과 섹슈얼리티는 '남성'이라는 인식주체의 욕망과 그 시선에 의해서 규정되어 왔습니다. 각종 미디어에서 보여주는 섹시하고 어리고 파릇파릇한 여성의 몸은, 스스로가 발화할 수 있는 몸이 아니라 항상 남성들의 욕망과 욕구에 화답하는 대상으로서 재현됩니다. 우리의 인식 안에서 여성의 몸은 남성 욕망의 시선이 관통하고 분할하고 침습하는 영역으로, 늘 스스로의 언어를 봉합당한 채 즐비하게 전시되어 왔습니다.

이때 여성은 그 자체로 독립적인 주체가 아니라 남성이라는 인식주체의 시선 프레임에 의해 규정당하고 한정지어진 대상으로서 나타납니다. 남성 인식주체와 여성 대상이라는 이러한 불균등한 위계관계는 대체 어떻게 구성된 것일까요?

인간은 자신의 정신 앞에 놓인 세계를 '대상'(object)으로 인식하고 그로부터 앎(知)을 구성해내며 역사와 문화, 과학과 학문을 이룩해 왔습니다. 이때 대상(ob-ject)이란 말은 라틴어로는 objectum으로, 접두사 ob-는 '~앞에', jectum은 '내던져진 것'을 의미합니다. 이는 곧 대상이 주체(subject)의 의식과 시선 앞에 내던져져 포섭되고 규정된다는 뜻입니다. 여기서 인간은 대상을 규정짓는 능동적 주체가 되며, 세계는 인간에 의해 규정당하는 수동적 대상으로 전락합니다. 하지만 근원적 의미에서 이 세계는 유한한 인간 정신이 온전히 포섭할 수 없는 미지의 것이자 그 자체로 과잉적인 어떤 것(Thing, Ding)입니다. 인간 주체는 이 미규정적 세계 X를 정신을 통해 끊임없이 규정하고 한정지으며 그것을 소위 '알 수 있는 대상'으로 변환시키려고 노력할 뿐입니다.

그런데 문제는 인간과 세계 사이의 이러한 위계관계가 남성과 여성 사이의 불균등한 위계관계에도 고스란히 반영되어 있다는 것입니다. 다시 말해 이러한 시선과 앎의 프레임 속에서 여성은 남성 주체의 의식과 시선 앞에 포섭되고 종속된 인식 대상으로 나타납니다. 그리하여 남성의 시선과 앎으로 포섭할 수 없는 여성의 존재는 그 프레임 속에서 지워져 버리고 미지의 것 또는 과잉의 것으로 남게 됩니다.

이와 같이 이때껏 여성의 몸은 남성의 성적 욕망에 부합하는 심미성과 기능성이라는 복합적 코드에 의해서 재현되어 왔고, 따라서 다양한 가능성과 잠재성을 지닌 몸이 아니라 미시적으로 분절되고 조직화된 '자궁-여성 유기체'[2]로 간주되어 왔습니다. 남성 인식주체의 시선과 욕망 아래 낱낱이 분절된 여성 신체는 남근의 삽입구로서의 관능성과 기능성, 정결성을 충족시키는 정합적이며 유기적인 신체성으로 식별되지 않았

던가요?

여성의 신체를 삽입구로 환원하는 방식은 일상 속 남성들의 성적 비어에서 여실히 드러납니다. 근래 문제시되었던 대학생들의 단체 카톡방에서 같은 학과 여학생들의 몸과 얼굴을 품평하며 소위 '박음직한가, 아닌가'의 기준으로 서열을 나누고 여성혐오적 욕설과 조롱을 전시한 사건은 남성 욕망경제가 그려내고 있는 여성 신체에 대한 기관화의 논리를 그대로 구현하고 있다고 볼 수 있습니다. 여성 신체의 다양성과 다층성을 무시하고 간과한 채 여성을 신체의 특정 기관으로, 남성의 욕망 대상으로 축소시키는 것입니다.

또한 여신과 오크녀[3], 숙녀와 요부, 성녀와 창녀라는 여성에 대한 이중적 수식어는 결혼시장과 연애시장에서 교환가치가 있는 상품으로서의 여성과 부적합한 몸을 지닌 여성 간의 차이를 끊임없이 구획하고 분리시키는 식별의 정치를 실행합니다. 그리하여 여성의 신체가 남성 성애 에너지의 역동적 투자(input)를 통해서 다음 세대의 재생산이라는 확고한 수익과 결과물(output)을 산출하지 않는 한, 가부장제 남성사회의 "가용자원"[4]으로서의 여성 신체의 가치는 늘 미완의 것으로 취급되는 것입니다.

다른 한편으로, 여성에게 있어 남성의 성적 욕망을 추동시

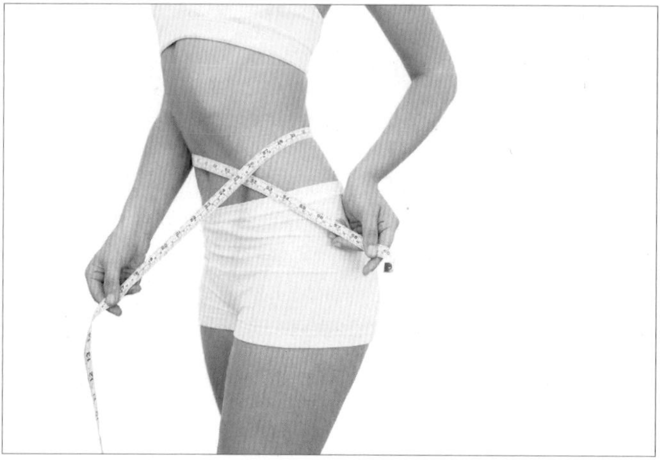

V라인의 날카로운 턱선, S라인의 볼륨 있는 몸매, 가녀린 쇄골을 위한 T라인, 날카로운 골반 V라인 근육. 아름답고 관능적인 여성의 신체에 기입되는 이 무수한 알파벳들의 향연은 과연 무엇을 의미하는 것일까?

키고 그러한 욕망이 투입될 만한 가치가 있는 '아름다운 몸'이 되는 것은, 본래 주어진 자신의 신체자원을 얼마나 더 경쟁력 있고 더 매력적으로 관리하느냐라는 자기경영의 기술로 취급됩니다. V라인의 날카로운 턱선과 S라인의 볼륨 있는 몸매, 목에서 양어깨를 타고 흐르는 가녀린 쇄골을 위한 T라인, 날카로운 골반 V라인 근육에 이르기까지. 아름답고 관능적인 여성의 신체에 기입되는 이 무수한 알파벳들의 향연은 과연 무엇을 의미하는 걸까요?

남근이성중심주의[5]에 의해 구축된 언어 기표로서의 알파벳이 살아 있는 여성 신체의 각 부위 부위가 따라야 할 강령으로 작동한다는 것은 그 자체로 의미심장합니다. 이는 현상 세계 속에 기거하고 변화하는 물질성으로서의 여성 신체가 아름다움의 원본을 드러내는 표식인 알파벳의 절대적이며 형식적인 순수성을 신체 부위 부위마다 가장 유사하게 표방하고 한 땀 한 땀 각인해낼 준비가 되어 있어야만 비로소 남성 욕망경제 매트릭스 내에서 인정받는 신체가 될 수 있다는 것입니다.

이러한 남성 욕망경제 매트릭스 내에서 여성은 남성 주체의 상상, 의지, 감각, 의욕, 욕망, 이해라는 사유 양태[6]에 의해 끊임없이 분절되고 규정되는 물질적 대상(objet matériel)으로 존재합니다. 그러하기에 여성 신체는 남성 주체가 보기에 이상적이고 심미적인 신체 각 부위의 형태와 기능성, 다른 부위와의 밸런스와 비율 등과 같은 수많은 미시적 분절선들과 기준들에 의해 상호 비교되고 측정되고 서열화됨으로써 대체 가능한 상품으로 식별되는 것입니다.

반면 남성 욕망경제 매트릭스 내에서 교환가치가 일어나지 않는 신체를 가진 여성들은 실질적으로 어떠한 취급을 받았나요? 이 사회에서 그러한 여성들은 소위 게으르고 쓸모없는 자들로 취급되고 조롱받습니다. 그 이유는 이 사회가 그러한 여성을 자연적으로 거저 주어진 스스로의 여성-신체자원의 가치조차 제대로 활용·관리하지 못하며 꾸밈노동이라는 의무를 방기한, 나태하고 무가치한 존재[7]로 폄하하기 때문입니다.

일상적으로 통용되고 있는, '아름답지 않은 여성은 여성도 아니다'라는 말은 다음과 같은 의미를 함축합니다. 의지하고 욕망하고 욕구하는 남성 주체에게 있어 여성은 그들이 지닌 아름답고 관능적인 신체성이라는 교환가치의 정도에 의해 규정지어지고, 섹스·연애·결혼 대상이라는 가부장제 진열대 위의 '상품'이기 때문에, 못생기고 뚱뚱한 여자는 그 존재가치조차 통째로 부정된다는 것입니다.

이처럼 폭력적인 남성 욕망경제 매트릭스 안에서 여성의 꾸밈노동은 자유로운 선택의 영역이 아니라 자신의 존재가치를 그나마 안전하고 존엄하게 보전하기 위한 수단이자 여성 신체자원을 보유한 자의 최소한의 의무로 간주됩니다. 그러하기에 각종 서비스 직군에서 여성 종사자들에게 부과하는 화장과 하이힐, 엄격한 유니폼 규칙은 경쟁력 있는 여성이라면 반드시 준수해야 할 의무로 여겨지는 것입니다.

탈코르셋 운동: 가부장제라는 구조적 판에 대한 탈지층화 운동

이러한 관점에서 탈코르셋 운동은 여성들이 가부장제의 유용한 여성-신체자원(자궁-여성 유기체로서의 대상)으로 동원, 소비, 착취, 억압되는 것을 거부하는 움직임일 뿐만 아니라, 이때껏 스스로의 신체의 교환가치를 더 높이고 적어도 남성의 성애적 욕망의 투여가 일어나지 않는 무가치한 몸(교환가치=0)으로 전락하지 않고자 지속적이며 의무적으로 수행하던, 일체의 꾸밈노동을 집단적으로 보이콧하는 행위입니다.

이러한 거부와 보이콧의 물결이 일으키는 진폭과 파장은 우리 사회의 인식론적 담론 지형뿐만 아니라 정상성 규범의 실천 지형까지 뒤흔들고 있습니다. 이것은 단순한 일회적 차원의 운동이 아니라 사회 전체의 '구조적 판'[8]에 대한 도전이며 이 사회를 지배하는 '지층화 작용'에서 벗어나려는 탈주의 움직임

탈코르셋 운동은 여성이 신체자원으로 동원, 소비, 착취, 억압되는 것을 거부하는 움직임일 뿐만 아니라 무가치한 몸으로 전락하지 않고자 의무적으로 수행하던 일체의 꾸밈노동을 집단적으로 보이콧하는 행위다.

입니다. 따라서 탈코르셋 운동의 의미를 프랑스의 현대 사상가 들뢰즈와 가타리의 지층화, 탈지층화 작용의 개념 프리즘을 통해 고찰해보는 것이 유용할 것입니다.

여성 신체에 정교히 각인되는 자궁-여성 유기체로의 지층화 작용은 여성의 삶을 이성애 연애와 이성애 섹스, 혼인, 출산의 고정화된 경로의 회로 속에 분절, 포박시키고 그들을 가부장제라는 남성 욕망경제 매트릭스에 순응하는 최적화된 몸으로 변환시키고자 합니다. 여기서 '지층화 작용'(stratification)이란 아직 고정되지 않고 미규정적으로 흘러 다니는 질료(matière)를 포획, 분절, 각화시키는 일체의 작용입니다. 예를 들어 우리가 사회 속에서 정합적이며 기능적인·'유기체'로 조직화되고, 남근이성중심주의가 각인된 언어구조에 정박하며, '나'라는 주체화 작용에 의해 규정·종속[9]되는 것 모두를 일컫습니다.[10]

이와 반대로 탈코르셋 운동은 여성의 신체를 남성적 성애의 투자(investissement) 대상물이자 순수한 부계혈통의 성씨를 날인한 세대 재생산의 몸으로 환원시키는 일체의 작용을 거부하는 탈지층화(destratification) 운동이라 할 수 있습니다.

가부장제라는 구조적 판의 지층화 작용이 강화되는 지점의 바로 그 경계면에서 탈코르셋과 4B 운동[11]이라는 탈지층화 운동의 속도와 강도가 가장 역동적으로 일어납니다. 이성애 연애와 이성애 섹스, 혼인, 출산의 고정화된 경로로 굳어지는, 여성 신체의 자궁-여성 유기체로의 지층화 현상은 페미니스트 다중들이 추동시키는 비연애-비섹스-비혼-비출산이라는 4B(4非) 운동과 더불어 남성 욕망경제 매트릭스에서 이탈한 몸의 서사를 쓰고 있는 탈코르셋 운동의 탈주선들에 의해 지속적으로 교란되고 붕괴되고 있습니다. 이는 여성들의 신체와 삶 위에 각인되어 있는, 위계적으로 고정화된 요소들—욕망과 신체, 섹슈얼리티와 가치규범론, 성역할—의 연결고리들을 하나하나 파쇄해 나가는 발파[12] 작업이기도 합니다. 그러하기에 탈코르셋 운동은 가부장제라는 구조적 지각판을 습곡, 침강, 단절시킬 수 있는, 맨틀과도 같은 미규정적이며 상이한 강도를 지닌 역량들의 다발체로서의 페미니스트 다중의 봉기로 해석할 수 있습니다.

제가 보기에 탈코르셋 운동을 위시한 페미니즘 운동의 탈지층화 전략은 다음과 같습니다.

첫째, 자궁-여성 유기체에게 부과된 일체의 기능(fonction)—관능적, 모성적 몸—으로부터 탈주를 선언함으로써 남성 욕망경제 매트릭스의 가동을 무력화시킬 것. 둘째, 남근이성중심주의로 물든 법률, 학문, 도덕, 예술, 교육, 미디어의 언어규범

질서 체제를 의심하고 근본을 타격하는 새로운 용어의 개발을 통해 언어질서의 장을 교란시키는 동시에 언어구조의 정박점을 해체시킬 것. 셋째, 정상성 규범에 의해 고정화되고 균질화된 주체성의 한계를 직시하며 상이하고 미규정적인 역량의 다발체로서의 페미니스트 다중으로 스스로를 이행시키고 이를 지속적으로 탐색, 탐험할 것입니다.

여성이 스스로를 더 이상 남성의 성애적 욕망의 대상으로도, 부계혈통의 세대 재생산 도구로도 환원되지 않는 존재임을 선언한다는 것은 무엇을 의미하는 걸까요? 이는 남성 욕망경제 매트릭스 바깥이라는 새로운 차원의 지대에서 스스로를 상상해내는 것이자 어디에도 귀속·수렴되지 않는 자신의 욕망이라는 새로운 관계망의 지도를 실질적으로 새로운 차원의 판 위에 그려나간다는 것입니다.

들뢰즈는 한 인터뷰에서 "욕망이란 배치를 구축해가는 것"[13] 이기에, '욕망의 대상'이라는 단독적이며 독립된 요소를 추출해내는 것은 그 자체로 무의미하며 욕망은 반드시 다각적 요소들과의 관계망 안에서 구성되어 나가는 것이라고 설명합니다. 탈코르셋을 실천하는 여성들은 남성 욕망경제에 철저히 귀속되어 있는 이성애 연애와 섹스, 결혼, 출산의 경로를 자신들에게 주어진 유일한 욕망의 서사로 받아들이길 거부할 뿐만 아니라, 일상적 성담론 속에서 남성의 성애적 욕망의 대상인 삽입구 기관으로 축소되고 환원·유통[14]—단체 카톡방 내 음담패설, 성희롱, 디지털 성범죄 영상물 피해—되는 것을 폭로하며 이와 절연을 선언합니다. 그와 동시에 탈코르셋 운동은 여성들이 남성 욕망경제 매트릭스 내에서 성적 대상물—물방울 모양 가슴, 핑크빛 성기, 애플힙, 11자 다리—이란 기호로 부유하는 것을 벗어나, 전 인격적 차원에서 자신의 신체를 스스로의 역량과 역사, 특이성과 비전 등과 같은 다각적 요소들과 함께 구축해 나가며 새로운 욕망의 서사를 배열, 조성해낼 수 있는 구조적 장을 기획하고자 하는 운동이기도 합니다.

이러한 점에서 여성에게 새로운 욕망들의 역량을 재배치하고 발명해내며 새로운 신체로의 이행기술과 욕망서사를 제시하고 있는 탈코르셋 운동은 아직 도래하지 않은 미래의 흐름(flux)을 길어 올리고 기존의 궤도로부터 탈주를 꾀하는, 고도의 탈지층화 실천 전략이라고 볼 수 있습니다.

2강

외모 꾸미기는 왜 '꾸밈노동'인가?

그럼 이제 한층 더 구체적으로 탈코르셋 운동이 펼치고 있는 다양한 활동의 면면을 상세히 살펴보겠습니다. 또한 이 과정에서 '자연미인', '보슬아치' 같은 용어들이 어떻게 여성들이 겪고 있는 성차별적 현실을 오도하고 있는지를 밝혀보겠습니다. 우선 탈코르셋 운동에서 중요하게 등장하는 '꾸밈노동'이라는 용어가 갖는 의미를 짚어봅시다.

외모 꾸미기: 여성에게 강제되는 '꾸밈노동'

탈코르셋 운동을 실천하는 페미니스트 다중들은 여성에게 부과된 외모 코르셋을 '꾸밈노동', '신체자본', '상품화', '여성 교환가치' 등과 같은 경제적 용어들의 틀을 경유하여 설명해

내려고 합니다. 왜 그런 용어들을 사용하게 되는 것일까요? 이는 남성 욕망경제 매트릭스 내에서 여성의 신체가 특정한 가치로 교환되고 일종의 상품으로 취급받고 있는 현실을 반영하는 것으로 볼 수 있습니다. 실제로 남성적 담론과 실천의 장 안에서 여성의 신체는 그 자체로 내재적 가치를 가진 존재가 아니라 남성 주체의 시선 아래에서 끊임없이 비교되고 측정되고 서열화되는 상품으로 여겨집니다.

여기서 우리는 여성-신체를 분석해내는 두 가지 차원의 관점을 세심히 구분해야 할 필요가 있습니다. 왜냐하면 여성-신체의 가치를 외재적으로 해석하고 평가하는 남성의 관점과 그와는 반대로 여성-신체의 가치를 내재적으로 인정하고 수용하는 여성의 관점 사이의 정련된 구분을 통해서만 비로소 '꾸밈노동-신체자본-상품화-여성 교환가치'라는 탈코르셋 담론의 논의틀을 적절히 해석할 수 있기 때문입니다.

그렇다면 남성-사유주체의 바깥에 존재하는 물질적 대상인 여성-신체가 어떠한 방식으로 '상품'이라는 사회경제적 가치로 이행하는 것일까요? 이를 심층적으로 분석해볼 필요가 있습니다. 마르크스의 『자본론』은 그러한 분석을 위한 훌륭한 길잡이가 되어줍니다.

『자본론』에 따르면 '상품'(commodity)이란 '타인과의 교환을 목적으로 생산된 유용한 물건'[15]입니다. 여성의 신체 역시 남성적 담론과 실천의 장 안에서는 교환을 위한 '유용한 물건'이 되며, 따라서 일종의 상품으로 기능합니다. 그리하여 사실상 여성에게 자신의 '신체'는 남성 욕망경제 매트릭스 속에서 사회경제적으로 교환가치가 인정되는 상품으로 존립시켜야 할 대상이 됩니다. 달리 말해 가부장제 사회에서 여성은 자연적으로 여성-신체자원이라는 '천연적 노동대상물'[16]을 타고 났으며 이를 보다 세련되게 관리하고 정교히 세공해내는 기술을 투입함으로써 스스로의 신체를 '가공된 노동대상'[17]으로 탈바꿈하는 '꾸밈노동'을 수행해야 하는 것입니다.

마르크스적 관점에서 보면, 화장, 다이어트, 성형·미용시술 등이 가해진 여성-신체는 꾸밈노동을 통해 정련·가공·변형되어진 엄연한 '노동생산물'입니다. 마르크스는 『자본론』에서 교환가치의 원천은 그 노동대상물에 투입된 노동의 양과 질[18]로부터 나온다고 주장합니다.

마찬가지로 시대와 유행에 따라 늘 새롭게 첨가되는 나노 단위의 미적 기준들에 완벽히 부합하는 '아름다운 여성'이 되기 위해서는 시간적·물리적 노력—일주일에 몇 번, 몇 시간, 어떠한 강도로 운동하였는가—과 금전적 투자—화장품, 각종 성형·미용시술, 유행패션 아이템 장착—와 더불어 스스로의

가부장제 사회에서 여성은 자연적으로 여성-신체자원이라는 '천연적 노동대상물'을 타고 났으며 이를 보다 세련되게 관리하고 정교히 세공해내는 기술을 투입함으로써 스스로의 신체를 '가공된 노동대상'으로 탈바꿈하는 '꾸밈노동'을 수행해야 한다.

신체근육, 신경세포, 생체 에너지를 다이어트를 통해 기하급수적으로 소모·소진시키는 '추상적 인간노동'[19]이 극단적으로 투여되어야만 합니다. 이러한 다각적 차원에서의 강도 높은 노동력의 투입과 갱신 없이는 결코 여성은 이 사회에서 교환가치가 높은 몸이 될 수 없습니다. 이것이 바로 여성에게 꾸밈노동이 자유로운 선택이 아니라 의무적 노동인 이유입니다.

'자연미인'이라는 환상

'늘 젊고 아름답고 매력적인 여성'이란 처절한 꾸밈노동의 산물입니다. 그럼에도 불구하고 이 세상은 그러한 여성을 그 자체로 아름답게 태어난 존재로 신비화함으로써 인위적 꾸밈노동의 모든 노력들—아름다운 젊음을 유지하기 위한 각종 화장술과 시술, 지속적 운동과 고강도 식이요법—과 사회적 압력들을 단번에 비가시화해 버립니다. 이는 마르크스가 거론한 '상품의 물신화' 현상과 비슷하다고 할 수 있습니다. 상품의 물신화 현상은 일종의 착시 현상입니다. 인간 노동의 산물인 상품이 마치 그러한 노력의 과정과는 아무런 상관없이 상품 자체가 가진 자연적·본질적 속성으로 인해 교환가치를 발생시키는 독자적·독보적 존재물처럼 보이게 되는 것입니다.[20]

마르크스는 상품의 물신화 현상을 노동력과 생산수단의 투입이라는 지난한 과정뿐만 아니라 "상품교환을 둘러싼 생산자들 사이의 (불평등한) 사회적 관계를 은폐"[21]시킨다는 점에서 비판하고 있습니다. 이러한 상품 물신화 메커니즘을 면밀히 분석해보면, 꾸밈노동이 투입되지 않은 본연적 '자연미인'이란 것 역시 물신화된 환상임을 알 수 있습니다.

본래 상품이란 자연물을 인간의 이용가치와 목적을 위해 채굴하고 이를 보다 더 정련 · 세공하는 기술을 투여하여 교환가치가 높은 물품으로 변환시키는 연쇄적 노동의 최종 결과물(effet/output), 곧 노동 생산물(produit)이라 할 수 있습니다. 하지만 상품의 물신화 현상은 이러한 일련의 노동력 투입(input) 과정과 인과적 생산단계의 최종 결과물인 상품의 위상을 역전시킵니다. 그리하여 이제 상품은 일체의 인과적 연쇄논리로부터 벗어나고 노동이라는 인위적 힘의 작용으로부터 온전히 독립하여 그 자체로 자유로운 실체(substance)로서, 즉 원형적 자연물(Nature)로서 기능하고 신성시되는 것입니다.

이는 우리 사회에서 '자연미인'을 타고난 존재로서, 일체의 인위적 가공과 관리, 꾸밈노동의 기술에 의해 오염되지 않은 자연(Nature)의 존재로서 그리는 것과 똑같은 메커니즘입니다. 그러나 그러한 자연미인 역시 '역변'과 '정변'이라는 용어에 의해 그 미모가 세월 앞에 마모되고 노화되어 가는지, 아니면 세월을 거스르는 젊음과 미모를 유지하며 고도의 상품성을 관리하고 있는지 등을 끊임없이 평가받게 됩니다. 그러다 특정한 미모 기준에 미치지 못하게 되면 끝없이 조롱당하기도 합니다. 이 점에서 결국 자연미인이란 개념은 남성 욕망경제의 목적에 의해 채굴되고, 세공·관리의 규율에 의해 침습되는 강박적 여성 신체의 한 계열에 불과할 뿐입니다.

여성의 몸은 신체자원인가, 신체자본인가?

남성 욕망경제 매트릭스 내에서 여성은 화장술과 같은 '노동수단'을 통해 자신의 신체자원이라는 '노동대상'을 끊임없이 개발하고 정련하고 있다는 점에서 '생산수단'[22]을 본래적으로 소유하고 태어난 존재로 여겨집니다. 이는 남성 노동자들이 그들의 노동력을 제외하고는 노동수단이나 노동대상을 자체적으로 보유할 수 없다는 사회적 조건과 대비되어 성별 불평등이라는 표면적 착시효과를 일으키기도 합니다.

이 점은 남초 사이트를 중심으로 사용되는 '보슬아치'(보지와 벼슬아치의 합성어)라는 여성혐오 용어를 통해 극명히 드러납니다. 이 말에 따르면 여성들은 선천적으로 타고난 신체자본(보지)을 이용하여 스스로를 꾸미고 관리함으로써 남성과의 연애와 결혼을 통해 경제적 이득과 사회적 계층 이동을 손쉽게 이룬다는 것입니다. 과연 남성 욕망경제 매트릭스 속에서 여성은 신체자본(capital corporel)을 통해 잉여가치를 불려나가는 자본가적 위상을 지니는 걸까요?

마르크스에 따르면 자본의 발생은 다음과 같은 메커니즘을 지닙니다. 일반 노동자들이 자신의 노동력을 상품(C)화하여 받은 임금화폐(M)를 노동력 재생산을 위한 생필품이나 기타의 상품(C)을 구매하는 방식으로 소비한다면, 자본가들은 화폐(M)를 투자하여 특정 상품(C)을 구입한 뒤 이를 판매하여 잉여가치의 화폐(M')를 획득함으로써 부를 창출한다는 것입니다.[23] 여기서는 이 메커니즘에 비추어 신체자원(ressource corporelle)과 신체자본(capital corporel)의 차이를 정밀히 살펴보겠습니다. 특히 성별 계급성에 따른 신체자원의 상이한 착취구조를 먼저 들여다볼 필요가 있습니다.

남성 노동자들의 신체자원은 공적 영역에서의 물리적 근력과 기술적 숙련도, 전문성의 측면에만 입각해서 판단되는 반면, 여성 노동자들의 신체자원은 해당 분야에서 요구되는 전문성과 숙련도뿐만 아니라 감정적 친밀도(상냥함, 친절함, 미소)와 성적 매력(예쁜 외모, 몸매, 동안), 행실과 품행(조신함, 정결성,

도덕성)까지 판단의 대상이 됩니다. 그래서 여성은 연애와 결혼이라는 사적 영역에서든, 취업과 승진이라는 공적 영역에서든 자신의 신체를 물리적, 감정적, 심미적, 도덕적 차원에서 전방위적으로 개발해야 하며 이는 타자의 이익—남편과 가족에게 편의 제공하기, 애인의 성적 욕망에 화답하기, 기업의 용모단정 규준에 복종하기 등—을 위해 기꺼이 이용 가능한 '자원'(resource)으로 채굴되고 착취됩니다.

이 점에서 여성과 남성의 신체자원은 성별 계급성이라는 차등적인 사회적 조건 아래 상이한 강도로 배치되고 분배됨을 알 수 있습니다.[24] 게다가 남성 욕망경제 매트릭스 안에서 여성은 화장술이나 특정 식이요법 등과 같은 노동수단을 동원해서 자신의 신체자원(노동대상)에 꾸밈노동을 가함으로써 성적 매력과 아름다움이라는 교환가치를 지속적으로 생산해내야 하는 '상품'으로서 존립합니다.

자본주의적 가부장제 이데올로기가 지배적인 사회에서 여성의 매력적 신체자원은 사적 영역뿐만 아니라 취업과 승진, 성공과 같은 공적 영역에서의 사회적 교환가치—호감, 경쟁력, 용모단정, 인기, 유명세—를 드높이는 결정적 요소로 작용합니다. 그러하기에 여성은 자신의 신체를 성적으로 가꾸고 개발하고 유지해야 할 외재적 '노동대상물'(objet de travail)로 간주

여성은 연애와 결혼이라는 사적 영역에서든, 취업과 승진이라는 공적 영역에서든 자신의 신체를 물리적, 감정적, 심미적, 도덕적 차원에서 전 방위적으로 개발해야 하며 이는 타자의 이익을 위해 기꺼이 이용 가능한 '자원'으로 채굴되고 착취된다.

하게 되며 남성중심적 사회에서 각광·승인받기 위해 자신의 신체에 꾸밈노동을 투입하게 됩니다.

남성의 신체자원이 성적으로 동일한 방식과 강도로 채굴되고 착취되지 않는 이유는 그들의 신체가 가부장적 교환가치—남성 욕망경제의 기호품이자 부계혈통의 세대 재생산 도구—로 결코 환원되지 않는 성질의 것이기 때문입니다.[25] 반면에 여성의 성적 신체자원은 그들의 노동력의 기본값(default value)으로 설정되어 있기에 업무의 분야에 상관없이 여성들을 향한 아름답고 젊어 보이는 외모에 대한 요구는 사회적으로 이미 조건화되어 있습니다. 특히 용모단정의 엄격한 규준을 준수해야 하는 서비스직 여성 노동자들에게 그들의 성적 신체자원은 노동 상품성의 자격을 구성하는 최소한의 기본값으로 간주되기에 고용주의 상품판매 촉진과 이윤 창출을 위한 도구와 자원으로 원활하게 동원됩니다.

따라서 엄밀한 의미에서 여성들은 성적 신체자원이라는 생산수단을 보유한 자유로운 신체자본가들이 아닙니다. 왜냐하면 첫째, 여성들의 신체자원은 반드시 특정하게 성애화된 방식으로 조합되고 구성될 수밖에 없으며 이는 남성 욕망경제 매트릭스 내에서 구조적이며 차등적으로 배치되고 포섭되어 있기 때문입니다.

둘째, 여성들은 자신들의 내밀한 성적 신체자원마저 외재적 노동대상으로 규정지으며 꾸밈노동이라는 지난한 과정 속에서 소외당할 뿐만 아니라 여성의 성애화된 아름다움을 여성 노동력의 기본값으로 취급하는 차별적 노동시장 조건에 의해서도 이중적으로 소외당하기 때문입니다.

셋째, 여성은 성별에 따른 임금차별로 인한 구조적 빈곤과 더불어 노동생산품으로서의 자격을 유지하고자 꾸밈노동의 수단들—화장품, 여성의류 등—을 끊임없이 소비·구입·재투자해야 한다는 점에서 자신의 신체자원 개발을 통한 상품으로서의 기본값 충족과 도달이 주된 목표이며 이를 통한 잉여가치(surplus value)와 부의 창출은 구조적으로 거의 불가능한 상태이기 때문입니다. 다시 말해 여성들은 자신의 노동력을 상품화하여 받은 임금을 노동력 재생산을 위한 생필품 구입과 더불어 꾸밈노동 수단에 재투자·소비함으로써 노동생산품으로서의 자격 유지를 충족시켜야 하는 사회경제적 조건 아래 놓여있기 때문에 자신의 신체자원이 아닌 실질적 생산수단을 구매·투자할 수 있는 자본(capital)이나 잉여가치를 축적하기 어려운 것입니다.[26]

'보슬아치': 여성혐오적 환상

여성들의 성적 신체자원은 취업과 승진이라는 공적 영역에서뿐만 아니라 연애와 결혼 같은 사적 영역에서도 남성 욕망 경제의 유용한 자원—남성의 성애적 에너지 투입 대상이자 부계혈통의 세대 재생산 도구—으로 철저히 발굴되고 개발, 활용되고 있습니다. 이로 인해 여성들은 남성들의 성애적 요구와 심리적 기대에 적절하고 세심하게 응답하며 이를 케어(care)할 줄 아는 동시에 욕망되는 대상의 자리에서 미끄러지지 않기 위해 꾸밈노동에도 소홀하지 않아야 합니다.

그러므로 여성을 보지라는 신체자본(capital corporel)을 통해 신분상승과 부(벼슬, 잉여가치)의 창출을 손쉽게 추구하는 존재로 환원하고 있는 '보슬아치'라는 용어는 매우 문제적입니다. 여성의 신체자원이 채굴, 배분, 활용, 억압되는 불평등한 사회구조의 맥락 이해 자체가 상실되어 있고 성차별적 현실을 의도적으로 지우고 있을 뿐만 아니라, 역으로 남성들을 여성들에 의해 부와 특권을 탈취당하고 피해를 입는 계층으로 상정하고 있다는 점에서 그렇습니다.

'보슬아치'는 '창녀와 꽃뱀, 된장녀와 김치녀'라는 여성혐오 용어의 스펙트럼 확장판으로 볼 수 있습니다. 이는 연애와 결혼의 잠재적, 현실적 상대인 모든 여성들이 성적 매력자원을 미끼로 남성들이 어렵게 취득한 부와 계층적 특권을 손쉽게 탈취하거나 나눠 갖는다는 기묘한 환상을 기반으로 하고 있습니다. 이러한 환상은 사실상 '모든 남성이 남근권력의 상징물인 경제적 부와 계층적 특권을 보유한 강력한 팔루스(Phallus)가 될 수 없다'[27]는 남성 특유의 구조적 불안의 원인을 스스로의 자격미달이 아니라 외부에 있는 여성들의 탓으로 돌리는 것입니다.

이러한 환상 속에서 연인관계에서 발생하는 연애비용과 선물교환은 남성들이 부를 축적할 수 있는 기회를 지연·제지시키거나 그들의 한정된 자원이 (여성들에 의해) 잠식당하는 결정적 요인처럼 간주되며 마치 그것이 남성의 사회경제적 불평등의 유일한 사회적 조건인 것처럼 민감하게 그려지게 됩니다. 그러나 '보슬아치'로 대변되는 여성혐오적 환상은 남성들의 팔루스 탈락의 내적 원인을 여성이라는 외부 대상에 '투사'(projection)[28]하여 내던짐으로써 스스로의 불안과 사회경제적 허약함을 봉합하고자 하는 남성들의 방어적 심리기제에 의해 구축된 허구일 뿐입니다.

꾸밈노동으로부터의 탈주

그렇다면 탈코르셋 운동을 주도하는 페미니스트 다중들은 어떠한 실천 전략을 통해서 꾸밈노동으로부터 탈주하고 있을까요?

탈코르셋 운동을 실천하고 있는 여성 페미니스트들 사이에서 이때껏 자신이 사서 모았던 화장품들을 파괴하고 치렁치렁했던 머리칼을 단번에 민 짧은 머리의 사진들을 온라인 게시판과 SNS(페이스북, 트위터 등)에 전시·인증하는 물결이 일고 있습니다. 이러한 화장품 파괴와 숏커트의 사진 전시가 지나치게 전투적이고 과격해서 불편하다는 반응이 나오고 있는데, 이는 신상 화장품 전시와 케어가 잘된 헤어스타일링 비법, 화장법 리뷰들의 무한 전시, 다이어트 비법에 대한 무비판적 수용의 태도와는 매우 상반된 모습입니다.

이처럼 여성들이 자신들이 소유한 화장품을 깨고 부수고 짓이기며 고이고이 길러왔던 머리칼을 반삭발로 미는 모습을 전시하는 것은 여성성 수행에 대한 '사보타주'(sabotage) 행위로 볼 수 있습니다. 사보타주란 파업을 시행하는 노동자들이 그 파업을 효과적으로 유지시키고자 철도의 레일 일부를 떼어내고 공장의 기계부품을 파손시키는 방식으로 스스로의 생산수단을 해체함으로써 노동자의 권리를 주장하는 항거 행위입니다. 마찬가지로 여성들은 완벽한 여성성을 드높이고 수행하는 생산수단으로서의 화장품과 긴 머리를 파괴하고 자르고 훼손하는 모습을 전시함으로써 그들이 더 이상 남성중심적 가치체계의 사회에 복무하지 않음을 보여줌과 동시에 가부장제 시스템의 고장과 파열을 선언하고 주장하는 것입니다.

우리 사회에서 여성성 과잉 전시 행위는 지극히 정상이라 여겨지는 반면, 그 강요된 여성성과 다른 방향의 모습들을 전시하는 행위는 폭력적이고 과격한 것들로 해석된다는 것은 과연 무엇을 의미할까요? 이와 같은 실천 행위들은 사회가 요구하지 않는 가치체계를 여성들이 재현하는 모습을 통해 반감과 반발심을 불러옴과 더불어 두려움, 체제전복의 공포감, 혁명의 가능성이라는 정동 또한 이끌어내고 있습니다.

여성들이 머리를 자르고 더 이상 화장을 하지 않는 것을 인증하고 전시하는 행위가 전체주의적이며 과격한 배제 행위라고 비난하는 반동적 반응은 오히려 '아름다운 몸이 되어라'는 여성성의 강력한 규범 자체가 가부장제 이데올로기의 주된 핵심(코어) 기술이었음을 방증합니다. 더불어 이러한 탈코르셋 운동은 이때껏 사회적 코르셋을 자랑스럽게 전시하던 수많은 여성들에게도 불편한 진실을 일깨우는 거울을 들이미는 것과 같은 효과를 내기도 합니다. 여성 자신의 몸이 항거의 시위 현장이 된 탈코르셋 운동은 남성에게도 여성에게도 불편한 정치적 실천임에 틀림없습니다. 바로 이 불편함이 가져다주는 의미와 효과를 우리는 다시 한 번 생각해보아야 합니다.

3강

여성의 몸,
대상이 아닌 역량

개개의 여성들은 어떠한 역량을 지니고 있는가?

현재 탈코르셋 운동은 10대, 20대의 젊은 여성 페미니스트들을 주축으로 실천되고 있으며 이는 비혼-비연애-비출산-비섹스라는 4B(4非) 운동의 선언과 면밀히 연결된 운동이라 볼 수 있습니다. 이 선언을 통해서 젊은 여성 페미니스트들은 여성의 섹슈얼리티와 몸이 더 이상 가부장제 사회의 결혼제도나 이성애적 연애 속으로 편입되는 것을 거부[29]함으로써 남성들이 지닌 '보슬아치' 환상의 가능조건 자체를 근본적으로 분쇄해 버립니다.

나아가 이 젊은 여성 페미니스트들은 '성적 매력을 통해서 남성들의 자원과 부를 잠식하려는 이성애자 여성으로서의 사회 · 경제 · 심리적 의존상태'라는 여성 신체자원의 기본값 항목들을 모두 제로(0)로 설정한 뒤, 여성 스스로가 자신의 신체가 지닌 역량의 강도와 위상의 방향성을 온전히 새로이 주파하기를 기획합니다. 이처럼 메갈리아 이후의 세대들은 남성 욕망경제 매트릭스가 제공하는 한정적이고 안온한 여성성의 규준 안으로 포섭되기를 거부하고, 매트릭스 자체를 파괴하며, 감히 그 너머의 세계를 욕망하는 자들이라 할 수 있습니다. 그들은 '여성'이라는 물질적 · 사회적 항을 둘러싼 기존 담론의 문제설정의 축 자체를 이동시켜 버립니다.

이때껏 '여성이란 무엇인가'(Qu'est-ce qu'une femme?)라는 물음의 방향성은 어떤 방식으로 수렴되었나요? 여성성은 남성주체(A)의 보편적 인간성, 객관성, 강인한 신체, 근력, 공격성, 독립성들의 반대항(-A), 즉 남성성의 결핍소로서 인지되었으며, 이는 모성애, 주관성, 가녀린 신체, 아름다움, 의존성 등과 같은 고정된 성역할과 여성다움의 획일적 규준들로 구성되어 왔습니다.[30]

이에 반해 탈코르셋 운동을 실천하는 페미니스트들은 여성이 어떻게 남성과 구별되는 외형과 속성(propriété)들로 구성되는가에 초점을 두는 것이 아니라, 개개의 여성들이 어떠한 역량들(puissances)을 가지고 있는가(Qu'est-ce qu'une femme peut?, 여성은 무엇을 할 수 있는가?)로 문제의 축 자체를 이동시켜 버립니다. 여성을 옥죄며 가동되던 식별(distinction)의 코르셋—남성보다 가녀린 신체, 선이 곱고 예쁜 이목구비, 볼륨감 있는 몸매, 사근사근함, 애교 등—으로부터 스스로의 신체를 해방시키고 새로운 역량과 감각을 발굴하며 더 이상 남들에게 예쁜 인형이 아닌, 다양한 역량의 다발체로서의 자신을 조우하고 탐험해 나가고자 하는 것입니다.

코르셋의 억압은 어떻게 작동하는가?

탈코르셋 운동은 이때껏 모든 여성이라면 반드시 따라야 할 강령이 되어버린 획일적 여성성 수행의 규준들—날씬한 몸매, 아름다운 얼굴, 완벽한 화장, 상냥함, 조신함, 애교 등—을 하나하나 발파해 나가는 작업입니다. 그런데 여기서 근본적인 질문을 던져볼 필요가 있습니다. 어째서 여성들은 남성중심적 사회가 강요하는 그러한 여성성의 규준들에 자신의 신체를 맞춰 나가게 되는 것일까요? 외모 꾸미기나 꾸밈노동이 마치 여성들 자신의 욕구나 욕망의 대상처럼 여겨지는 이유는 무엇일까요? 대체 어떠한 감각과 정서와 관념이 여성들로 하여금 마치 '자발적으로' 여성성을 수행하는 데 적극 참여하도록 이끄는

어째서 여성들은 남성중심적 사회가 강요하는 여성성의 규준들에 자신의 신체를 맞춰 나가게 되는 것일까? 외모 꾸미기나 꾸밈노동이 마치 여성들 자신의 욕구나 욕망의 대상처럼 여겨지는 이유는 무엇일까?

것일까요?

여성 신체에 대한 코르셋의 억압은 단지 사회와 타인들로부터, 즉 외부 집단들로부터 여성들에게 사회적으로 강요되기만 하는 것이 아닙니다. 또한 그러한 코르셋의 억압은 여성들 자신의 신체와 내밀하게 결합되어 있는 특정한 감각과 정서, 관념들에 의해 여성들 스스로가 행하지 않으면 안 될 어떤 '감정적', '물질적' 질서의 형태로 주어집니다. 이로 인해 여성들은 꾸밈노동이나 외모 꾸미기를 수행하지 않을 때 스스로 어떤 부족함이나 부끄러움을 느끼게 됩니다.

따라서 우리는 여성 신체에 대한 코르셋의 억압을 지속적으로 가동시키는 특정한 '정동역학'(dynamique affective)의 메커니즘부터 하나하나 분석해 나갈 필요가 있습니다. 여기서 정동역학이란 특정한 방식으로 구축되어 신체에 작용하는 특수한 정서체계의 역동적 질서를 의미하며, 코르셋의 억압은 이처럼 정서적이고 감각적이며 내밀하고 물질적인 질서로 여성들의 신체에 작용합니다. 코르셋에서 벗어나기 위해 적극적인 정서적, 감정적, 물질적 노력이 필요한 이유가 여기에 있습니다. 이 점에서 탈코르셋 운동은 여성에게 억압적으로 작용하는 감각적, 정서적, 물질적 질서를 폭로하고 이를 다른 방식으로 배치하려는 운동입니다.

이번 강의에서는 여성들이 탈코르셋 운동을 통해 자신의 신체와 이를 둘러싼 다각적 요소들—성역할, 성적 매력, 화장, 여성다움 등—에 대하여 1차적으로 어떠한 '감응력'(affection)들을 형성하고 있는지를 구체적으로 살펴볼 것입니다. 나아가 이것들이 어떠한 '정동'(Affect)과 '역량'(puissance)들을 이끌어내며 실천을 추동시키는지 고찰해보고자 합니다. 이 논의는 스피노자와 들뢰즈의 개념들—감응력, 정동, 역량—을 주요 프리즘으로 삼아 진행될 것이며 신물질주의 이론의 개념들을 경유하기도 할 것입니다.

내 몸은 과연 내 것인가?

여성들은 평생 동안 자신의 신체를 둘러싼 다각적 요소들—화장, 식이요법, 성적 매력에 대한 기대치, 타인의 시선—과 조우하고 관계를 맺으며 이에 대한 특정한 감응력(affection)을 형성합니다. 여기서 'affection'은 하나의 신체가 외부세계의 물체나 신체(corps)[31]들과의 조우와 만남을 통해 그 외부자극을 수용하며 영향을 받는 동시에 그 신체에 영향을 끼치는 복합적 작용을 일컫습니다.

들뢰즈의 「스피노자에 관한 뱅센 수업」(Cours de Vincennes sur

Spinoza)에 따르면 "affection"은 "하나의 신체가 다른 신체 위에 일으키는 작용이자 효과"[32]일 뿐만 아니라, 엄밀히 말해 이는 이 세상에서 하나의 신체가 다른 신체들과 마주치며 일으키는 특정한 감각적 지각(perception)들의 상(象, image)이나 다양한 (정서적, 인지적) 관념(idée)들의 상(image)들의 연쇄적 사슬들을 형성시킵니다.[33] 따라서 'affection'은 신체(물체)들이 세상을 감지하고 수용하며 영향을 주고받는 능력인 '감응력'으로 번역될 수 있습니다.[34]

예를 들어 한 여성의 신체가 '다이어트'라는 요소와 조우하게 될 때 과연 어떤 일이 일어날까요? 그 여성은 배고픔, 위쓰림, 기력쇠진, 예민함과 같은 특정한 감각적 자극을 느끼는 동시에 날씬한 몸매, 연약함, 아름다움, 사람들의 찬사라는 사회문화적 코드가 각인된 관념의 상들과 과거의 관련 경험을 통해 축적된 특정 정서의 상들[35]을 동반해서 떠올리게 됩니다. 그리고 이에 대해서 특정한 감응력(affection)의 연쇄적 사슬들을 형성하게 되는 것입니다.

이때 그 여성은 다이어트가 자신의 신체와 정신 전반에 일으키는 복합적이며 모순적인 특정 감응력들의 연쇄사슬을 하나의 지도처럼 읽어낼 줄 알아야 합니다. 그래야 이를 통해 다이어트라는 요소가 종합적 차원에서 스스로의 존재와 행위역량을 드높이는 기쁨의 정동(affect)을 일으키는지, 반대로 역량을 축소시키고 추락시키는 슬픔의 정동을 일으키는지를 깨닫고 이를 지속할지 혹은 그만둘지를 결정하고 실천할 수 있기 때문입니다.

그런데 문제는 이 여성의 신체라는 '물질'(matter, matière)이 여성성, 성역할(젠더롤), 아름다움과 같은 사회문화적으로 구성된 코드와 접속 · 합성되는 방식이 가부장제라는 수직적 질서의 자장에 의해 위계적이며 불균등하게 개편 · 배열되어 있다는 것입니다. 이는 정상적 규범성(normativity)이라는 사회적, 관념적 요소들에 의해 포진되고 둘러싸여진 여성의 물질적 신체에 '억압'이라는 효과를 발생시킵니다.

예를 들어 급격한 체중감량을 위해 식욕억제제와 이뇨성분이 든 다이어트 약을 섭취하는 여성은 자신의 신체와 해당 약품의 합성(mélange) 작용이 일으키는 탈수 증상과 복통, 기력쇠진과 두통, 생리불순이라는 부정적인 감각증상(-)에 대해 자신의 존재 및 신체역량의 축소와 하락의 상태(état)를 느끼며 슬픔의 정동(affect)에 놓입니다. 왜냐하면 스피노자가 말하듯이 자신의 신체에 부합하지 않는 다른 신체와의 만남과 합성은 우리의 신체를 불유쾌하고 유해한 방식으로 변화시키며 조화로운 신체 밸런스를 깨뜨리고 파괴한다는 점에서 슬픔의 정동을 일으키기 때문입니다.

하지만 그 여성은 이러한 부정적인 감각증상들을 가녀린 몸매와 아름다움, 인기와 찬사 등과 같은 특정 사회문화적 관념 및 경험의 상들(images)과 접속시킴으로써 여성 신체에 가해지는 명백히 유해한 합성 반응이라는 이전의 슬픔의 정동 상태를 '체중감량'이라는 곧 도래할 미래적 상태를 촉진시키는 긍정적 작용(+)의 일환으로 변환하여 해석해 버립니다. 그리하여 슬픔의 정동을 여성으로서의 사회적 존재역량—"아름다운 여성만이 존재할 만한 가치가 있다"는 강령—을 상승시키는 기쁨의 정동으로 변환하여 수용한 뒤 계속 다이어트 약을 복용하는 행위를 반복하게 되는 것입니다.

스피노자에 따르면 모든 존재자들은 부정적 합성을 회피하려 하며 자신의 신체가 보다 더 강해지는 만남을 추구한다고 하는데, 어째서 이 사회에서 여성들은 자신의 신체역량을 궁극적으로 축소·쇠진시키고 고통과 불편함을 유발시키는 행위들을 통해 기쁨의 정동에 다다르게 되는 것일까요?

여성 신체에 대한 억압은 어떻게 기쁨의 정동이 되는가?

여성의 신체역량에 대한 억압이 어떻게 기쁨의 정동으로 이행하는지를 이해하기 위해서는 몸(body)과 물질(matter)의 위상을 둘러싼 이론적 논쟁의 지평 아래에서 이를 심층적으로 분석해볼 필요가 있습니다.

첫째, 이 사회에는 정신과 신체라는 위계적 이분법에 근거한, 여성의 물질적 신체성에 대한 금욕주의적 부정과 억압이 기저에 깔려 있습니다. 이는 여성들이 불완전한 신체의 고통과 희생을 통해 '이상적 여성'이라는 불가능한 기표에 다가갈 수 있다는 믿음, 즉 여성 신체를 향한 일종의 금욕주의적 박해(martyr)의 환상을 가동시킵니다.

둘째, 여성의 신체 위에 각인되고 부과되는 다양한 규범성의 기준들이 더 미시적으로 분할되고 첨가될수록[36] 여성들은 스스로의 물질적 신체를 자신의 존재와 행위역량을 축소시키고 내리누르는 무거운 질량, 곧 슬픔의 정동[37]의 덩어리로 부정적으로 경험하게 됩니다. 따라서 그처럼 슬픔의 정동과 결합되어 있는 자신의 신체를 억압하고 규제하고 관리하는 일이 오히려 기쁨의 정동을 불러오게 되는 것입니다.

그런데 만약 이처럼 여성의 신체에 가해지는 물리적 억압성을 인정하지 않고 여성을 단지 사회문화적으로 구성된 젠더 수행성(gender performativity)의 집합적 표식이나 유희적 실천, 또는 '여성'이란 기표(signifiant) 아래로 끊임없이 미끄러지는 여성성에 관한 사회적 코드와 담론들의 가벼운 잔상 효과로만 해석할 때는 어떠한 일이 발생할까요?[38] 사회문화적으로 구성되는 여성성의 인식론적 담론들에만 주목하면, 여성이란 단지 사회문화적 특정 조건들의 값에 의해 규정되는 (변환 가능한) 기호(signe)이자 특정한 성적 규범성 실천의 수동적이며 텅 빈 수송관에 불과해집니다.

문제는 이로 인해 평생 동안 여성들이 다양하고 이질적인 요소들과 조우하며 체험하는 물질적인 몸의 실재성—생리통과 배란통의 경험, 호르몬 주기에 따른 다양한 신체증상의 발현, 다이어트로 혹사당한 신체의 면역력 저하, 생리주기에 따른 화장품 알레르기 증상 발현, 성차별과 성폭력 이후의 신체적 후유증, 완경기 이후의 급격한 신체적 변화 등—의 측면들이 간과되거나 부인되는 효과가 발생한다는 것입니다.

이러한 부인의 구조는 여성들이 자신의 물질적 신체 전반을 관통하는 내밀하고도 집단적인 고통의 경험들—생리통, 배란통, 출산, 임신중절, 성폭력, 성차별의 경험—을 사회적으로 발화하는 것을 저지하게 만들고 여성성 수행의 반복적 실천의 부작용과 물리적 억압성을 폭로하는 것 자체를 어렵게 만듭니다. 나아가 특정 물질이 여성의 신체에 일으키는 유해한 합성작용—각종 다이어트 약의 부작용, 장시간 메이크업과 하이힐

여성의 신체 위에 부과되는 규범성의 기준들이 더 미시적으로 분할되고 첨가될수록 여성들은 스스로의 물질적 신체를 자신의 존재와 행위역량을 축소시키고 내리누르는 무거운 질량, 곧 슬픔의 정동의 덩어리로 부정적으로 경험하게 된다.

작용의 피해, 브래지어 착용으로 인한 소화기 질병 발생 등—의 효과들을 사회가 요구하는 이상적 여성성이란 관념을 완벽히 수행해내기 위해 치러야 할 부수적이며 사소한 요소들로 치부하게 함으로써 여성이 스스로의 몸의 불편한 감각과 증상들에 대해 원천적으로 둔감해지게 만듭니다.

그렇다면 우리는 여성의 몸을 무거움의 질량, 슬픔의 정동체로서 경험하거나 이를 이상적 여성성 관념의 상들로 대체하거나 지우는 것이 아니라, 온전히 새로운 방식으로 여성의 몸과 관계 맺을 수 있을까요?

신물질주의 이론과 여성 신체의 물질성

바로 이 지점에서 우리는 탈코르셋 운동의 의미를 재발견할 수 있습니다. 획일적인 여성성 규준의 이데올로기적·물리적 억압으로부터 여성 신체를 해방하고자 하는 탈코르셋 운동의 참된 의미와 가치를 신물질주의 이론의 지평에서 새롭게 해석해볼 수 있는 것입니다.

신물질주의(new materialism) 이론가들의 논지에 따르면 여성은 사회구성적 담론—성역할, 아름다움의 기준, 사회에서 기대하는 여성의 성적 위치—의 작용효과로만 환원되는 것이 아니라, 물질적 신체라는 역동적 동인(agent)으로서의 역량과 자율적 실재성을 갖추고 있는 동시에 "살과 문화, 인지 간의 상호 중첩되고 뒤얽힌"(reciprocal imbrication of flesh, culture and cognition)[39] 관계성 안에서 탐색됩니다. 신물질주의 이론은 각각의 신체들 간의 미세한 차이를 고려한 신체의 물질성에 대해 강조하기 시작하였고[40] 물질과 비물질적 요소들 사이의 역동적 상호작용과 그것이 이루어내는 관계망에 주목하고 있습니다. 그렇다면 우리가 여기서 거론하는 "물질"(matter)로서의 신체가 이전의 본질주의나 형이상학적 실체로의 환원이 아니라는 점을 보다 명료히 밝힐 필요가 있을 것입니다.

예컨대 들뢰즈는 『스피노자: 실천철학』(*Spinoza. Philosophie pratique*)에서 신체(물질, Corps)란 운동성과 속도를 갖춘 무한한 입자들로 이루어져 있기에 역동적일 뿐만 아니라, 이질적인 각각의 신체들 간에 이루어지는 감응역량과 그들 간의 힘의 역학관계에 의해 그 개체성이 구성된다는 점에서 상호 관계적이라고 기술합니다.[41] 또한 2000년대 등장한 최신 이론들—신물질주의 이론사조—의 동향에서 드러나듯이 1990년대 유행한 언어·담론·기표 중심의 사회구성주의적 관점은 관계적 전환(relational turn), 물질적 전환(material turn)의 거대한 흐름에 의해 대체되었고, 이제 신체와 물질은 '아상블라주'(assemblage),

'행위자-연결망'(Actor-Network), '물질성'(materiality)[42]의 개념들에 의해 새롭게 엮어지고 세공되고 있습니다. 그리하여 데란다(Manuel DeLanda)와 같은 신물질주의 이론가들은 물질이란 능동적이며 자율적인 위상을 지닐 뿐만 아니라 인간, 물체, 다른 신체들 간의 다각적 조우와 상호작용의 연결망 안에서 특정한 배치(agencement)와 '조합체'(assemblage)들을 직조해낼 수 있다고 주장합니다.[43]

따라서 여기서 우리가 고찰하고 있는 '신체'란 그것 자체의 단독적인 본성(nature)이나 선험적인 본질(essence)에 의해 규정되는 것이 아니라, 능동적이고 자율적인 실재성을 지니고 그와 더불어 '관계적 물질성'(relational materiality)을 드러내는 것이라고 볼 수 있습니다. 다시 말해 하나의 신체는 다양한 물질적, 비물질적 요소들과 다채롭게 조응하며 일련의 결합과 배치의 관계망을 엮어내는 역량을 갖고 있는 것입니다. 이를 통해 '조합체'라는 새로운 성질의 현상이 출현(émergence, 창발)하게 되며 이는 또한 언제든지 각각의 요소들로 분리 가능하며[44] 새로운 요소들과의 접속 및 연결을 통해 또 다른 조합체를 형성할 수 있습니다.[45]

다각적 역량의 다발체로서의 여성

이러한 관점에서 탈코르셋 운동은 이때껏 간과되었던 여성이라는 물질적 신체의 자율적이며 역동적 역량들을 다각적 요소들과의 새로운 배치와 조합체의 직조를 통해 탐색해 나가는 동시에 이성애적 성규범성(normativité sexuelle)에 의해 구축되어진 이상적 여성성이라는 사회문화적 관념의 감옥으로부터 탈주해 나가는 것으로 분석할 수 있습니다.

이를 위해 여성들은 화장과 다이어트가 그들의 물질적 신체에 일으키는 부정적 합성작용에 대한 감각적 민감성을 키우며 여성의 신체를 사회적 코드에 의해 조직화하고 촘촘히 얽어매는 꾸밈노동의 고통을 공론화하고 발화하기 시작했습니다. 또한 화장이나 브래지어, 일체의 꾸밈노동에 대한 특정 감응력의 감각적, 관념적 상들의 연쇄사슬을 다른 방식으로 읽어내고 해석하기 위해 "한 신체와 다른 신체(물질)의 마주침이 부당함을 유발할 수 있음을 인식할 뿐만 아니라, 그 부당함의 원인이 무엇인가를 정확히 파악하고 이해"[46]하는 새로운 정동의 역학으로 나아가고자 합니다.

예를 들어 화장이라는 꾸밈노동이 여성의 신체와 마주치며 일으키는—가려움증, 알레르기, 답답함, 뭉침 현상 같은—감각적 감응력, 이를 위한 시간적·체력적 소모, 화장품 구매로 인한 경제적 지출 증가, 칙칙해지는 민낯 피부, 화장에 대한 의존도 증가라는 연쇄적이며 부정적인 합성반응들의 배치가 여성의 신체역량을 축소시키며 슬픔의 정동을 실어 나를 때, 우리는 이때껏 이를 상쇄할 여성적 아름다움의 강조와 과시, 이를 통한 자신감·자존감 고양, 꾸미는 즐거움, 아름다움에 대한 욕망, 성적 매력과 인기 상승이라는 사회문화적으로 코드화된 관념들의 긍정적 상들을 대조적으로 배치·결합해 왔습니다. 이로써 궁극적으로 화장은 '아름다운 여성'이라는 고정화되고 이상적인 여성성 표준모델에 부합하기 위한 획기적 자기관리 기술로서 해석되면서 수많은 여성들에게 기쁨의 정동을 산출하는 행위로 지속적으로 오인되고 반복적으로 실천되어 온 것입니다.

하지만 탈코르셋 운동의 물결 이후로 여성들은 '화장'이라는 물질적 요소가 자신들의 신체와 존재역량 전반에 일으키는 부정적 합성작용의 결과와 원인들을 명확히 감지하고 인식하는 동시에 여성의 신체를 얽어매는 '아름다운 여성'이라는 사회문화적인 코드의 억압성을 신체의 역량을 소진·축소시키는 슬픔의 정동의 원인으로 제대로 해석해낼 수 있게 되었습니다.

그리하여 점점 더 많은 여성들이 자신의 신체를 고통과 슬픔의 정동에 놓이게 하던, 다각적 물질들 및 관념들과의 만남—다이어트 약, 화장품, 하이힐, 브래지어, 꽉 조이는 의복들, 아름다움에 대한 강박, 인기와 관심에의 욕망 등—이 일으키는 부정적 합성작용들을 명료히 지각, 인식하여 원인이 되는 것들과의 관계를 과감히 절연해 나가고 있는 것입니다. 또한 '나는 사회가 제시한 아름다움의 기준에 부합하는 여성인가?'가 아닌, '이 세계에서 나는 어떠한 다각적 요소들과 긍정적으로 감응하고 결합하며 여성으로서 내가 지닌 역량을 강화시킬 수 있는가?'에 주목함으로써 자신의 신체와 존재역량의 파동을 최대한 주파해 나가고자 합니다. 나아가 여성들은 브래지어에서 니플패치로, 하이힐에서 운동화로, 정장원피스에서 바지로 옮겨가면서 자신들의 신체감각과 활동의 반경이 온전히 새로이 축조되는 것을 경험하며 신체의 운동성과 속도의 변화—걷는 속도, 지구력, 체력 강화—를 일으키는 근력 운동법을 공유하기도 합니다.

다른 한편으로 탈코르셋 운동은 가부장제 자본주의에 대한 주요한 소비파업 운동으로 작동하고 있습니다. 이는 소위 여성용품이라는 이유만으로 더 낮은 기능성을 갖춘 제품을 더 비싸게 파는 소위 '핑크 택스'(Pink Tax) 상업전략에 대항하는 방식으로서, 성별에 따른 저임금 상태의 여성들에게 더 많은 소비를 명령하는 수많은 화장품과 여성 용품, 여성 면도기, 여성 의류에 대해 보이콧하고 그것의 불필요함을 전면화하여 드러냅니다. 이처럼 탈코르셋 운동은 여성을 끊임없이 빈곤케 하는 동시에 외모를 억압하는 화장품 소비를 멈추고, 여성들의 현재와 미래를 충만하게 하는 여러 자산 축적 비법들과 편하고 싼 제품들에 관한 정보를 공유하고, 생활기술들의 전략들을 나누는 행위들이 동반되는 전 방위적 차원의 삶의 혁명 운동이기도 합니다.

그러므로 탈코르셋 운동은 가부장제에 의해 위계적이며 불균등하게 배치되어 왔던 여성의 신체를 전혀 다른 방식으로, 전혀 다른 조건 아래에서, 전혀 다른 물질적 관계 속에서 새롭게 배치하려는 운동입니다. 따라서 탈코르셋 운동에서는 여성들의 감각과 욕망, 경제적 요소(돈, 성공, 자립, 소비), 비전과 야망, 비인간 동물과의 공동거주, 온라인 기반 여성운동, 존재역량, 실천, 직업, 인식과 지식, 가치, 여성 공동체, 기술, 의료, 정치, 환경 등과 같은 다각적이며 다층적 요소들[47]이 그 어느 것도 선험적으로 차별되거나 배제되지 않은 채 그들 간에 이루어지는 상호관계와 감응력의 수평적 연결망(réseaux) 안에서 유연하고 다채로운 방식으로 무한결합하고 접속하고 배치됩니다. 그리하여 탈코르셋 운동은 '역량의 다발체로서의 페미니스트 여성'이라는 새로운 조합체(assemblage)를 생산해 내고자 하는 것입니다.

4강

외모 꾸미기는 왜 개인적 '취향'으로 오인되는가?

여성을 억압하는 여성의 아비투스

하지만 아시다시피 탈코르셋 운동의 혁명적 물결에 대한 반동의 정치(politique réactive) 또한 강하게 일고 있는 실정입니다. 아직도 대다수의 사람들은 여성의 외모 꾸미기는 사회적 강요 같은 것이 아니라 여성이 자유롭게 선택하고 스스로 좋아서 하는 것인데 왜 이것을 그만두려는 사회운동이 대대적으로 일어나는지에 대해 의아해하거나 당황해하고 있습니다. 다시 말해 외모 꾸미기가 단순히 여성의 개인적 '취향'(taste, goût)이나 선택 혹은 본능[48]일 수 있다는 주장인데, 이는 부르디외의 '아비투스'(habitus) 개념에 의해 철저히 논박될 수 있습니다.

부르디외는 자신의 저서 『식별: 취향 판단에 대한 사회적 비판』(*La Distinction. Critique sociale du jugement*)에서 개인의 성향과 취향의 체계는 그 개인이 속한 성별, 사회적 위치, 경제적 계층, 교육환경에 의해 후천적으로 만들어지고 결정되는 것이라고 설명합니다. 이를 기반으로 비춰볼 때 여성은 사회화 과정을 통해 자신의 성별 계층성(sex class)에 의해 침투·각인되어 있는 다양한 습속들—특정 취향과 기호, 소비성향, 행동방식과 습관, 태도, 말투, 걷거나 앉는 방식, 제스처 등[49]—의 총체들을 무의식적으로 체화하고 있습니다.

이러한 관점에서 화장이나 외모 꾸미기에 대한 여성들의 취향이나 관심, 아름다움에 대한 열망, 인형이나 분홍색에 대한 선호, 나긋나긋한 말투나 수동적 태도 등은 여성에게 각인된 '아비투스'(habitus)를 드러냅니다. 여기서 아비투스란 사회적으로 범주화된 계층적 가치가 육체에 각인된 상태로서, 한 개인은 자신이 속한 사회적 계층성을 온전히 체현한 방식으로 말하고 생각하고 행위하고 무언가를 선호하게 된다는 것을 의미합니다.[50] 따라서 화장과 같은 꾸밈노동을 여성 개인의 사적인 취향이나 기호로 오인하도록 만드는 구조야말로 성별 계층성에 의해 도식화된 개인의 행동패턴과 특정 라이프스타일의 재생산 효과가 얼마나 한 개인의 신체와 사고방식에 온전히 침습되어 있는가를 방증하는 것이라 할 수 있습니다.

이처럼 아비투스란 개인이 속한 계층성을 충실히 반영·재생산해내는 사회적 "식별"(distinction, 구별짓기) 체계로서, 부르디외는 "아비투스의 도식들을 계층 분류화의 주요한 형태"[51]라고 설명합니다. 그뿐만 아니라 화장에 대한 관심이나 취향과 같은 특정한 아비투스의 발현은 사회가 식별하려는 여성의 성별 특성들을 고정화시키고 강화하는 데 기여합니다. 예컨대 남성보다 가녀린 신체, 선이 곱고 예쁜 이목구비, 볼륨감 있는 몸매, 긴 머리, 호전적이지 않고 부드럽고 순종적인 태도와 눈빛, 배려심, 착하고 고운 마음씨, 애교 등은 임의적이고 우연적인 특성들의 총합일 뿐이지만, 이것이 남성과 확연히 대별되는 신체적, 심리적 차원의 성별 특성들의 총체를 형성함으로써 결국에는 '여성'이라는 하나의 균질하고 동질적인 성별 계층성의 고유한 특질(property)로서 고정화되기에 이르는 것입니다.

탈코르셋 운동은 여성에 대한 성별 식별체계로 가동되고 있는 아비투스 도식들의 임의성과 우연성을 통렬히 비판하고 사회구조의 차별성과 억압성을 그대로 체현하고 있는 '여성성' 분류화의 틀에 대해 근본적으로 의구심을 제기하고 반기를 드는 행위입니다. 탈코르셋 운동은 긴 머리, 배려심 있고 순종적인 태도, 볼륨감 있는 몸매, 예쁜 얼굴이라는 임의적 요소들의 연쇄적 배열이 여성성의 필연적 규정요소가 될 수 있는가를

탈코르셋 운동은 긴 머리, 배려심 있고 순종적인 태도, 볼륨감 있는 몸매, 예쁜 얼굴이라는 임의적 요소들의 연쇄적 배열이 여성성의 필연적 규정요소가 될 수 있는가를 의심하며 여성의 아비투스의 연쇄사슬을 파괴하고 절단해 나간다.

의심하며 이러한 여성의 아비투스의 연쇄사슬을 하나하나 파쇄하고 절단해 나갑니다.

예를 들어 민낯에 삭발을 하고 펑퍼짐한 바지를 입고 호전적으로 걷는 사람은 과연 여성이 아닌가라고 반문하는 것입니다. 이를 통해 우리는 여성의 아비투스를 이루는 도식들은 여성의 역량에 초점을 맞추고 있는 것이 아니라, 여성의 외형과 모습에 관한 특정한 재현체계(système de représentation)와 식별코드들로 구성되어 있을 뿐임을 인식하게 됩니다.

여성의 아비투스에 탈주선을 그려나가기

개인의 신체적 지각과 행위, 인식과 취향조차 소속된 계층에 따라 사회구조적으로 도식화된 방식으로 특정하게 주조되고 빚어지고 있다는 부르디외의 아비투스 이론은 '사회적 공간'(social space, espace sociale)이라는 개념에 의해 수렴되고 있습니다. 그에 따르면 아비투스의 도식들은 한 개인의 사회적 방향성과 더불어 "사회적 공간" 안에서 계층적 위치와 자본의 분배 정도에 따라 다르게 정해진 그들의 자리에 대한 감각을 안내하도록 기능합니다.[52]

사회적 공간은 각 계층의 자리와 위치를 분류해내는 위계와 식별의 공간이자 사회적 계층구조의 공간화 개념이라 볼 수 있습니다. 부르디외는 이러한 위계적 사회공간의 구성방식이 사실상 계층에 따른 아비투스에 의해 무의식적으로 계승·재생산된다는 점을 간과하지 않습니다. 이는 여성들이 겪는 억압적 상황에도 그대로 적용될 수 있습니다. 제가 보기에 여성의 아비투스 도식들은 여성들의 행위방식과 문화적 성향, 몸의 구성방식에 일련의 사회적 코드(code)를 부여하여 가부장제 사회구조에 복속되는 '여성성'(feminité)의 공식을 창출해내고 이를 모든 여성이 따라야 할 표본으로 간주케 합니다.

다시 말해 복잡하고 다양한 화장기법, 애교의 기술, 완벽하고 날씬한 몸매의 기준, 여성스러운 태도들의 내면화는 여성을 순종적이고 유약하며 무해한, 가부장제 순응에 최적화된 계급(class)으로 길러내는 데 기여하는 것입니다. 이 점에서 여성의 아비투스는 여성의 신체를 가부장제 코드에 의해 위계적으로 분절하고 고정화시키는 '지층화 작용'(stratification)이라고 분석할 수 있습니다.

반면 탈코르셋 운동은 화장하기, 외모 꾸미기, 긴 머리, 여성답게 행동하기 등과 같은 여성의 아비투스 도식에 일종의 거대한 '탈주선'(ligne de fuite)을 그려나가는 동시에 기존의 고정화된 여성성에 대한 '탈영토화'(déterritorialisation)를 시도하고 있는 것입니다. 이는 사회문화적 식별의 코드에 의해 각인되는 여성의 수동적 신체성을 해체하고 새롭고 다양한 요소들과 역동적으로 감응하는 능동적 신체성의 조합체(assemblage)로 이행하는 것을 의미합니다. 이러한 아비투스 도식의 파쇄 전략은 가부장제로 대변되는 위계적 식별의 사회적 공간에 거대한 균열을 일으키게 됩니다.

'너희는 남자가 되고 싶어서 그러느냐'

민낯에 짧은 커트머리를 하고 펑퍼짐한 바지를 입은, 탈코르셋을 실천하는 여성들을 향해 '너희는 남자가 되고 싶어서 그러느냐'라는 조롱이 일고 있습니다. 그러나 이는 오히려 탈코르셋 운동에 의해 위계적 성별 식별의 체계가 더 이상 제대로 가동되지 않음을 역설적으로 드러내는 것이라 할 수 있습니다.

부르디외는 지배계급이 자신들의 아비투스를 발현하고 드러냄으로써 계급적 이해관계를 실현하는 반면, 피지배계급은 자신들의 신체를 옭아매는 익숙한 아비투스로 인해 복종과 순응의 감각, 위계적 위치의 논리에서 벗어나지 못한다고 주장합니다. 그러나 이제 탈코르셋을 실천하는 여성들은 화장을 통해 느끼던 자존감 상승, 사근사근한 태도와 애교로 많은 이들에게 사랑받을 수 있다는 안도감, 온 몸을 꽉 조이는 원피스를 입은 자신의 몸매에 대한 자신감, 다이어트를 통한 가벼움의 감각 등이 남성 계층을 향한 여성의 복종과 순응을 공고히 하는, 미시적으로 정련된 아비투스의 지배기술이었고 이는 더 이상 여성의 존재역량을 드높이는 기쁨의 정동이 될 수 없다는 사실을 절실히 깨닫고 있습니다.

이때껏 완벽하고 아름다워지기 위한 고정된 여성성 수행방식이 얼마나 많은 여성들을 숨쉬기 힘들고 걷기 힘든 불편한 감각 속으로 그들의 몸을 적응시키게 만들었나요? 소위 아름다워진다는 것은 신체적 압박과 활동력의 감소, 고통스러움이란 값을 당연히 치러야 할 희소가치처럼 여겨져 왔습니다. 이 점에서 그러한 불편한 감각을 내면화하고 감내하던 여성들이 긴 머리를 자르고 화장을 그만두고 편안한 복장의 옷을 입으며 불편함의 족쇄들로부터 해방되는 모습은 남성들의 모습을 선망하여 복제하고 동일시하려는 행위와는 그 맥락과 의미가 전혀 다르다고 볼 수 있습니다.

또한 우리는 이 세상에서 활동성 있고 편안한 모든 옷들은 왜 다 남성 표준형인가에 대해서도 반문해야 합니다. 왜 여성이 그런 옷을 입으면 '남자 같다'는 말을 듣게 되는 걸까요? 이제까지 여성복이 오로지 심미성을 위해 벨트를 고정하는 끈이나 주머니 등과 같은 일체의 실용적 요소들을 삭제해버리고 모든 의복에 잘록하고 타이트한 라인을 강조하는 디자인을 적용해왔기 때문입니다. 이처럼 여성복은 여성의 아비투스를 고정화시키고 강화해왔으며, 이러한 여성복에 대한 보이콧 운동은 의복에 의한 여성의 활동성 제한과 신체적 역량 축소를 정면으로 고발하는 것입니다.

더구나 탈코르셋 운동을 실천하는 여성들에게 '남성이 되고 싶어서 그러느냐'라고 조롱을 던지는 것은 사실상 남성형을 이상적 표준형으로 단일하게 제시하고 모든 것을 오로지 남성형으로 환원시키는 남근 일원주의적 사고에 지나지 않습니다. 이에 반해 탈코르셋 운동을 실천하는 여성들은 고정된 여성성 수행 방식의 아비투스를 하나하나 덜어내고 파괴하는 행위를 통해 완전히 다른 효과를 생산해내고 있습니다. 이상적 여성성을 실행할 때 얻게 되는 달콤한 당근과 수혜를 과감히 포기하는 동시에 남성들의 짧은 머리, 민낯, 안경, 편한 복장이라는 언뜻 똑같아 보이는 요소들을 여성의 신체와 새롭게 접속시키고 재배치함으로써 그 사회적 의미를 전복하고 재구성하는 것입니다.

따라서 화장과 꾸밈노동이라는 아비투스를 거부하는 행위

는 단순히 '~하지 않음을 선택함'을 넘어서 여성의 행동양식과 감각, 활동반경과 인식태도, 욕망과 기호까지 온전히 새로이 발굴하고 주조하게 한다는 점에서 존재론적 탐색을 추동시키는 사건이기도 합니다. 이 점에서 탈코르셋 운동은 성별 식별체계 내부에 식별 불가능한 존재들이자 남성 욕망의 대상이 되지 않는 이질적인 몸들을 난입시킴으로써 성별 식별체계의 가동에 거대한 타격을 가하며, 남성에 의한 여성 지배라는 위계적 질서가 새겨진 사회적 공간을 균열시키고 그로부터 탈주를 감행케 하는 것입니다.

결국 탈코르셋 운동은 여성이 어떻게 남성과 구별되는 외형과 아비투스로 구성되는가를 묻는 것이 아니라, 여성이 어떠한 역량을 가지고 있는가를 묻습니다. 이처럼 여성 문제 자체의 초점을 옮기고자 하는 데서 탈코르셋 운동의 혁명적 의의를 찾을 수 있습니다. 여성 계급의 아비투스를 파쇄하는 탈코르셋 운동은 가부장제 지배의 논리를 온몸으로 체현하던 일체의 감각들과 감정 체계들을 온전히 지우고 비워 나가는 행위인 동시에 여성의 신체를 둘러싼 다각적 요소들 간의 새로운 감응력과 정동의 조합체(assemblage)를 구축해 나가는 행위인 것입니다.

페미니스트 다중이란?

그렇다면 탈코르셋 운동을 실천하고 있는 페미니스트 다중들은 어떠한 존재들일까요?

앞서 살펴본 바대로 페미니스트 다중들은 미규정적인 동시에 강렬하고 강도 높은 역량들의 다발체로 이루어진 새로운 차원의 신체라 볼 수 있습니다. 들뢰즈는 '역량'(puissance)을 한 존재가 실현해낼 수 있는 양적 능력의 다발체라고 정의내리며 이는 그 존재를 다른 이들과 구분해내는 내재적 강도[53]이자 고유성의 지점이라고 말합니다. 다시 말해 존재는 이에 선행하는 본질(essence)에 의해 결코 정의될 수 없으며, 그 존재가 무엇을 할 수 있는지, 무엇을 실현해 나가는지(qu'est-ce qu'il peut)를 통해 비로소 그 고유성이 드러난다는 것입니다.

하지만 이때껏 여성에게는 그들에게 주어진 고유한 본질로서의 관능성과 모성성의 모델을 충실히 따르느냐가 사회적으로 중요하게 취급되어 왔습니다. 반면 남성에게는 그들이 펼칠 수 있는 신체적, 사회적, 경제적 역량에 대한 기대치와 북돋움이 항시 주어져 왔습니다.

탈코르셋 운동을 실천하는 페미니스트 다중들은 바로 이러한 이분법적 분할에 도전합니다. 그들은 자신의 신체적, 정신

탈코르셋 운동은 여성이 어떻게 남성과 구별되는 외형과 아비투스로 구성되는가를 묻는 것이 아니라, 여성이 어떠한 역량을 가지고 있는가를 묻는다.

적 역량의 강도 변이와 상승을 새로운 관계망 안에서 경험하며 스스로의 한계를 실험하고 탐색해 나갑니다. 또한 그들은 4B 운동과 탈코르셋 운동처럼, 가부장제라는 구조적 판을 뒤흔들 탈주선들을 끊임없이 직조해 나가며 그 시대적 판이 돌이킬 수 없는 새로운 국면에 들어섰음을, 그 궤도가 종결점에 다다랐음을 선포합니다(가부장제의 시대는 이미 지났다! Le temps de patriarcat est révolu!).

페미니스트 다중은 고정된 형태가 부여되지 않았고 유기적으로 조직화되지 않았으며 탈지층화의 역량을 지속적으로 끌어올린다는 점에서 들뢰즈와 가타리가 제안하는, 미규정적이지만 강렬하고 자유롭게 유동하는 '질료'(matière)[54]로서의 성질을 띱니다. 저는 그들이 지닌 질료로서의 성질을 '점도-유연성'(visco-plasticité)[55]으로 다음과 같이 분석하고자 합니다.

요컨대 페미니스트 다중들은 "구성 성분들 간의 결합을 도와주는 끈적끈적한 점성의 응집력뿐만 아니라 형태나 비율, 농도가 언제든지 유동적으로 변환 가능한 유연성"[56]과 탄력성을 갖추고 있으며, 나아가 자신들의 신체와 행위양식, 감각, 경제적 요소, 비인간 동물과의 관계, 비전, 정치, 환경, 의료, 인식체계 등과 같은 다각적 요소들과의 유연한 접속과 배치를 엮어내는 새로운 '조합체'(assemblage)라고 볼 수 있는 것입니다.[57]

이러한 점에서 현재의 페미니스트 다중은 특정 이슈들—디지털 성범죄 편파수사 규탄시위, 낙태죄 폐지 운동 등—을 통해 효과적이며 유연하게 결집되고 엮어지긴 하지만, 이를 관통하는 정합적인 통일성이나 고정된 본질이 부재하기 때문에 그들을 하나의 전체나 총체로서 종합해 내는 것은 불가능합니다.[58] 이들은 펼쳐졌다 사라지고 다시 엮어지는 새로운 관계망 안에서 각자가 지닌 '역량의 강도'[59]들을 4B 운동과 탈코르셋 운동, 디지털 성범죄 편파수사 규탄시위 등을 통해 구체적으로 실현해 내면서 한국 페미니즘의 새로운 역사를 써나가고 있습니다.

따라서 우리는 페미니스트 다중은 누구인가라는 본질적인 질문을 거두고 페미니스트 다중들이 한국 사회에서 현재 어떠한 역량들을 실현[60]해 내고 있으며 또 어떠한 역량의 강도들을 지속적으로 실어 나르고 있는가에 주목할 필요가 있습니다. 이 점에서 페미니스트 다중들은 가부장제라는 구조적 지각판을 뒤흔들 수 있는 역량의 다발체들입니다. 페미니스트 다중들은 가부장제의 판을 습곡·침강·절단·붕괴시키는 고도의 실천 전략들을 펼쳐내는 동시에 우리의 욕망과 존재, 인식과 가치라는 다각적 요소들을 수평적 관계망 안에서 유연하고 다채로운 방식으로 결합·접속·배치시키는 새로운 '조성의 판'(plan de consistance)[61]을 길어 올리면서 새로운 시대를 격발시키는 혁명의 추동체로 작동하고 있습니다.

5강

오해, 질문, 응답

[오해 1] "외모 꾸미기는 내가 좋아서 하는 것인데 왜 그만두라고 하는 것인가요?"

앞에서 살펴본 것과 같이 여성에게 있어 외모는 남성중심주의 사회에 의해 동원, 착취, 이용되는 일종의 '신체자원'으로서, 남성 욕망경제 매트릭스에서 높은 가치가 매겨지는 교환가치 중의 하나라고 볼 수 있습니다. 여성에게 아름다운 몸과 외모가 이토록 중요한 이유는 무엇일까요?

이를 이해하기 위해서는 근대 사회를 지배하는 세계관인 데카르트적 이원론을 분석할 필요가 있습니다. 데카르트로부터 시작된 근대 사회의 세계관은 이 세계를 크게 두 가지의 질서로 나눕니다. 한편에 사유하는 존재의 질서가 있고, 다른 한편에 높이와 부피를 가진 물질적 존재의 질서가 있습니다. 이 두 질서는 위계적으로 차등적이며, 주로 전자에는 남성 주체를, 후자에는 여성 대상을 놓습니다. 그리하여 남성 주체에게 있어 여성은 오로지 육체적 관능성과 심미성을 지닌 물질인 '몸'으로만 인식됩니다.

예를 들어 영화 속 여성 인물은 주로 아름답고 관능적이며 신비로운 외모로만 부각되는 반면 남성 인물은 세상에서 펼쳐지는 다채로운 기회와 역경을 경험하고 극복해 나가며 그녀를 정복하는 인생의 주인공으로 그려지는 식입니다. 이 점에서 물질로 환원된 여성의 신체 부위에 대한 판정과 품평, 삽입구라는 물질적 기능성의 잣대, 여성의 품행에 대한 도덕적 가치판단의 규준들은 여성의 몸을 지배하는 남성 욕망경제 매트릭스를 작동시키는 주요한 축으로 기능한다고 볼 수 있습니다. 여성을 남성 욕망의 대상인 몸으로 환원시키는 작업은 남성에 의한 여성 차별과 통치의 정치를 가능케 하는 열쇠이기도 합니다.

그렇지만 대다수의 여성들은 외모 꾸미기는 사회적 강요가 아닌, '내가 좋아서', 내가 자유롭게 선택해서 하는 일이라고 반문합니다. 그래서 왜 그것을 그만두라고 하는지에 대해 묻고 있습니다. 왜 그럴까요?

영화 〈매트릭스〉에서 이 세계가 구조적 착취와 차별의 시스템으로 가동되는 환상에 불과하다는 고통스러운 진실을 깨달은 자들은 선택의 기로에 서게 됩니다. 파란 약을 먹고 그 진실을 알기 전으로 되돌아가서 편안하고 자유롭다는 환상에 젖어 살 것인지, 아니면 빨간 약을 먹고 이 진실을 있는 그대로 목도하며 매트릭스의 파괴를 위해 힘겹게 싸울 것인지를 선택해야 하는 것입니다.

아름다움이란 가치는 결코 내재적이지 않습니다. 늘 그 아름다움을 판단하고 평가하는 남성 인식주체의 인정이 반드시 필요하다는 점에서 여성들이 추구하는 아름다움에 대한 욕망은 자족적인 것도, 독립적인 것도, 온전히 자유로운 것도 아닙니다. 또한 앞서 살펴본 대로 사회학자 부르디외에 따르면 여성의 사적 취향과 기호, 욕망, 앉거나 걷는 자세, 태도, 어투, 제스처까지 사회적으로 구별되는 성별 계층성에 의해 각인되고 결정됩니다. 여성이 온전히 자유롭게 선택하는 취향으로서의 외모 꾸미기란 사회적 환상에 불과합니다.

대다수의 여성 유튜브 크리에이터들은 단기간에 살을 몇 킬로그램을 뺐고 어떻게 유지 중인가에 대한 비법을 영상으로 제작하여 제공하면서 조회 수와 구독자 수를 폭발적으로 증가시키고 있습니다. 경쟁력 있고 당당한 여성이라면 무릇 자신의

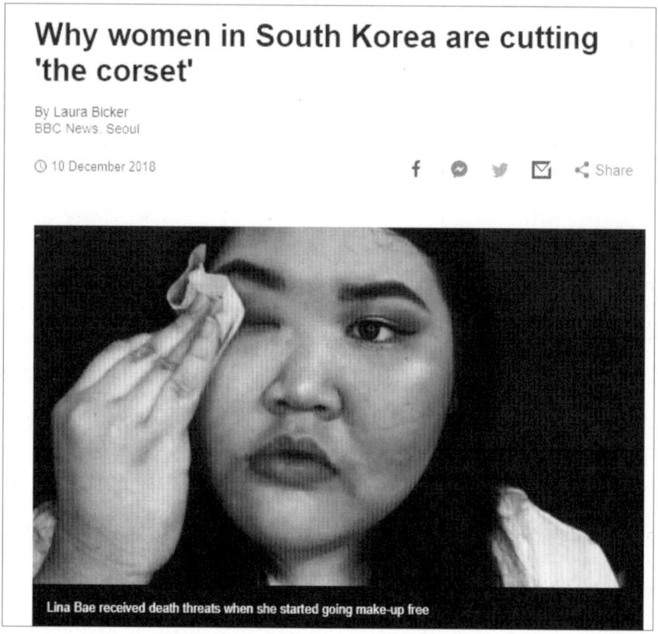

Why women in South Korea are cutting 'the corset'

By Laura Bicker
BBC News, Seoul

10 December 2018

Share

Lina Bae received death threats when she started going make-up free

여성의 사적 취향과 기호, 욕망, 앉거나 걷는 자세, 태도, 어투, 제스처까지 사회적으로 구별되는 성별 계층성에 의해 각인되고 결정된다. 여성이 온전히 자유롭게 선택하는 취향으로서의 외모 꾸미기란 사회적 환상에 불과하다.

아름다운 신체자원을 열심히 갈고 닦아서 자신감과 행복, 부를 성취할 수 있다고 선전하고 있지요. 이러한 영상 미디어의 메시지들은 10대, 20대뿐만이 아니라 전 세대의 여성들에게 여성 최대의 욕망이란 아름다운 외모자원을 소유하고자 하는 욕망이라는 공식을 강화시키고 있습니다. 하지만 엄밀히 말해 여성들이 소위 자유롭게 추구한다고 하는 아름다운 외모에 대한 욕망과 의지는 사실상 자기 자신만은 남성 욕망경제 매트릭스가 제시한 외모의 기준에서 결코 뒤쳐지지 않고 불완전한 몸의 여성으로 비난받거나 낙인찍히지 않고자 하는 강박에 다름없지요.

BBC 뉴스(2018년 6월 1일)에서 탈코르셋 운동과 관련된 기사가 다뤄진 적이 있습니다. 한국의 10대 여학생들에게 씌워진 코르셋의 무게와 이에 항거하는 몸짓으로서의 탈코르셋 운동의 이야기를 다루었습니다. 해당 기사는 여학생들에게 꾸밈노동이 선택이 아닌 일종의 강력한 규범이 되어버린 참담한 현실을 지적하고 있습니다. "여자 중학교에 재학 중인 한 학생은 트위터에 요즘은 학교에서 틴트나 미백 선크림 등 화장을 하지 않으면 찐따 취급을 당한다며 빠르면 초등학교 4학년, 느려도 6학년쯤에는 다들 화장을 시작한다고 말했다." 이처럼 어린 여학생들은 각종 미디어와 SNS에서 전시되는 '완벽하고 아름다운 여성성'이란 메시지들을 흡수하며 꾸밈노동을 통해 스스로의 신체를 가꾸는 것을 또래놀이 문화이자 자존감의 척도로 삼으면서 남성의 시선에 부합하고 인정받은, 완벽하고 여성적인 몸의 대열에 들어가는 법을 학습하고 있습니다.

그렇다면 그 시기 또래 남학생들은 무엇을 할까요? 초등학교 4학년 여학생들이 매력적인 여성이 되는 법을 자신들의 몸에 하나하나 각인시키는 동안, 그 또래 남학생들은 여성혐오의 욕설과 조롱, 농담의 언어 놀이에 잔뜩 심취해 있다고 합니다. 그 또래 남학생들은 자신들의 욕망의 대상이 되는 여학생들을 비하하고 조롱하는 시선의 주체가 되는 법을 배우면서 스스로의 남성적 강자성이 주는 쾌감에 눈을 뜨게 됩니다. 이 얼마나 성별에 따른 차이를 여실히 보여주는 극명한 사례들인가요?

이러한 의미에서 10대, 20대 젊은 여성들을 중심으로 일어나고 있는 탈코르셋 운동은 아름답지 않은 여성의 몸을 무가치하고 비난받을 만한 것으로 여겨 왔던 남성 욕망경제 매트릭스의 문법을 깨고자 하는 운동입니다. 나아가 남성들에게 욕망할 만한 가치가 있는 몸이 되고자 더 이상 욕망하지 않고 전전긍긍하지 않음을 정면으로 선언하는 운동이기도 합니다.

초등학교 4학년이 되자마자 여학생들은 남성중심적 사회의 욕망에서 탈락된 몸으로 열외되지 않고자 늘 고군분투해야 하며 그에 완벽히 부합하지 않는 자신의 몸을 끊임없이 혐오하기를 반복해야만 합니다. 그러하기에 10대, 20대 여성들은 그 아름다움의 규준들이 스스로를 꾸밀 자유와 쾌락이 아니라 여성성의 굴레이자 구조적 차원의 족쇄였음을 그 누구보다도 더 절절히 깨달을 수 있었던 것입니다. 이처럼 탈코르셋 운동은 스스로의 몸에 대한 해방의 선언이자 남성 욕망경제 매트릭스 바깥에서 새로운 방식으로 자신의 몸의 욕망을 정초하고자 하는 혁명의 몸짓입니다. 그렇기에 이는 또한 결코 쉽지 않은 고군분투의 여정이기도 합니다.

[오해 2] "탈코르셋을 원치 않는 사람도 있는데 같이 동조하지 않는다는 이유로 차별, 배제받는 건 아닌가요?"

염려하시는 바와는 달리 탈코르셋 운동은 그 규모 면에서 여전히 소수 운동에 머무르고 있습니다. 탈코르셋 운동이 획일성을 강요하거나 코르셋을 버리지 못한 여성들을 배제하는 강압적 운동이라는 논란이 일어날 때 한번 거리에 나가보시길 권유합니다. 거리를 지나가는 대다수의 여성들은 어떤 모습을 하고 있나요?

긴 머리에 치마, 고운 화장으로 스스로를 꾸민 대다수의 여성들이 이 세상을 채우고 있으며 이 여성성의 규범에서 벗어나는 이들은 거의 손에 꼽을 정도이거나 아예 보이지 않기도 합니다. 그런데 여성을 해방시킨다는 탈코르셋 운동이 어째서 같은 여성들 사이에서도 반감과 조롱, 위협의 대상이 되는 걸까요?

여성들은 이때껏 자신의 아름다운 외모와 몸이라는 찬란한 신체자원을 셀프카메라 앱으로 보정하고 전시하는 것을 미덕으로 여겨왔었습니다. 그리고 그러한 여성들이 전시한 예쁜 외모의 사진들을 들여다보는 다른 수많은 여성들은 아름다움이라는 희소가치를 소유하고픈 욕망의 정동에 휩싸이게 됩니다. 이로써 비교를 통한 자기혐오의 감정으로 이행하거나 동일시를 통한 타인숭배의 감정으로 이행하게 되면서 남성 욕망경제 매트릭스를 더 견고히 세공하기에 이릅니다.

그런데 이때껏 우리는 여성들을 짓누르던 '완벽하고 아름다운 여성성'이라는 단 하나의 획일적 규준에 대해서는 전체주의적이라거나 아름답지 않은 여성들을 차별하고 배제하는 이데올로기라고 비판해오지 않았습니다. 반면 탈코르셋 운동이 일어나는 동안 트위터나 페이스북 등에서는 이 주제나 운동 당사자들에 관한 온갖 논쟁과 조롱, 공격과 비난이 넘쳐났지요. 『뉴시스』에 실린 「탈코르셋 여성들에 온갖 모욕, 비방…

처벌도 어려워」(2018년 8월 26일)라는 기사를 보면, 탈코르셋 인증사진을 남초 사이트나 다른 SNS 계정으로 퍼가서 외모비하, 욕설, 조롱, 심지어는 성희롱에 이르는 공격을 가하고 있다고 합니다.

우리 대다수가 꾸밈노동의 완벽한 수행을 찬사와 무조건적인 박수로 맞이했었다면, 여성들의 민낯과 짧은 머리는 사람들에게 일종의 '불편함의 감각'을 선사합니다. 왜냐하면 짧은 머리를 하고 바지를 입은 여성들은 기존의 여성성 수행 방식에 대한 반란자들이자 이 억압적 사태에 '동참하지 않음'을 선언하고 그것을 자신의 몸으로 보여줌으로써 여전히 꾸밈노동을 지속하고 있는 사람들에게 이전엔 느껴보지 못했던 윤리적 불편함을 일으키기 때문입니다. 그래서 그런 불편함을 느끼는 사람들이 탈코르셋 운동을 배제와 차별의 정치라고 반박하고자 하는 것입니다. 하지만 이제까지의 코르셋이야말로 수많은 여성들을 스스로의 신체와 불화케 하고 아름다운 기준에 충족되지 않는 여성들에 대한 차별과 배제를 정당화했다는 것을 우리는 반드시 깨달아야만 합니다.

탈코르셋 운동이 일어나면서 예전엔 그저 맹목적으로 찬양되고 수용되던 아름다운 외모의 전시에 일종의 브레이크가 걸리게 되었습니다. SNS에서의 탈코르셋 인증사진 전시와 화장

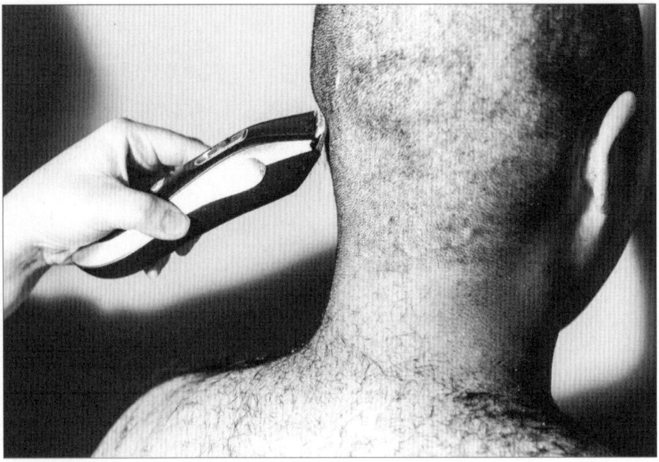

이때껏 '아름다워지라'는 강령으로 가득 찬 미디어의 여성성 이미지들과 성형광고들의 무작위적인 전시에 노출되어 왔던 여성들은 이제 그와는 전혀 다른 메시지를 담은 사진들과 변화의 실현 가능성들을 목도하고 있다.

품 파괴 사진들은 여성들의 의식과 행동에 서서히 새로운 파장과 물결들을 일으키고 있습니다. 화장품을 파괴하고 짧은 머리로 변한 여성들의 모습이 점차 늘어나는 것을 보는 것만으로도 많은 여성들은 그들의 몸이 다른 방식으로 정초 가능하고 남성 시선 욕망의 굴레로부터 해방 가능하다는 메시지를 흡수할 수 있는 것입니다.

이때껏 '아름다워지라'는 강령으로 가득 찬 미디어의 여성성 이미지들과 성형광고들의 무작위적인 전시에 노출되어 왔던 여성들은 이제 그와는 전혀 다른 메시지를 담은 사진들과 변화의 실현 가능성들을 목도하고 있습니다. 스스로의 몸이 자기혐오와 강박의 대상이 아닌, 자기해방의 출발점이 되어야 함을 깨닫고 있는 것입니다.

[질문 1] "아직 코르셋을 차고 있는 주변의 친구들과 지인들은 도대체 어떻게 설득하면 좋을까요? 외모로 평가받는 세상 속에서 과연 탈코르셋은 실현 가능할까요?"

탈코르셋을 인증하는 사진들의 물결은 우리로 하여금 외모코르셋과 강박이 하나의 굴레였음을 알려준다는 점에서 우리의 내면과 사회구조에 서서히 균열을 일으키고 있습니다. 스피노자는 『에티카』(*Ethica*)에서 하나의 정동(Affect)을 제거하기 위해서는 그 정동을 삭제할 만큼 더 강력한 반대의 정동이 나와야만 그것이 가능하다고 말합니다.[62]

이는 화장이나 외모 꾸미기라는 행위에 대한 고정화된 기쁨의 정동을 제거하기 위해서는 코르셋을 전시하는 이들에 대한 일방적 비난과 설득으로는 불충분하다는 것입니다. 다시 말해 화장이 주는 기쁨의 정동의 강도보다 탈코르셋 운동을 실천하는 이들이 드러내는 존재역량의 상승의 사진들과 경험담들, 이로 인한 새로운 삶의 양식들의 전략과 태도들이 더 많이 사회적으로 발화되고 공유됨으로써 탈코르셋이 주는 기쁨의 정동의 강도가 더 높아질 때, 많은 여성들은 그 기쁨의 정동의 물결을 스스로 따를 것입니다.

그러하기에 그들을 몰아붙임으로써 탈코르셋 운동에 대한 슬픔의 정동을 체험케 하기보다는 탈코르셋 운동의 실천이 얼마나 우리 여성들의 삶을 새롭고 역동적으로 엮어내고 있으며 기쁨의 정동을 촉발시키고 있는지를 드러내고 탈코르셋 운동의 인증사진들과 수기들을 공유하는 것이 한층 더 효과적이고 핵심적인 전략이라고 생각합니다.

저도 브라에서 니플패치로, 정장원피스에서 바지로 서서히 옮겨가면서 느끼는 점은 이때껏 여성과 남성은 전혀 다른 몸의 습속과 감각의 반경에서 생활했다는 것입니다. 우리는 그 지독한 불편함을 여성다움으로 체득하길 강요당했습니다. 조신한 몸, 아름다운 몸의 습속이야말로 여성들이 자신의 몸과의 편안한 감각을 유지하는 것을 방해하는 구조적 덫이었다는 것입니다. 이제야 비로소 여성들은 이때껏 남성들이 누려왔던 몸의 편안한 감각을 재발견함으로써 여성으로서의 자신의 몸의 해방과 자기혐오로부터의 탈주 가능성을 깨닫기 시작하고 있습니다.

다만 저 역시도 아직 제게 덧씌워진 외모 코르셋들의 장치들을 덜어낼 시간을 필요로 하며 사회생활 속에서 탈코르셋 운동의 일보전진과 일보후진을 경험합니다. 그렇지만 실패와 실천의 반복을 통해 자괴감과 자신감의 정동 사이를 서성이면서도 결코 포기하지 않겠다는 의지를 다시 다지고 강화시켜 나가고 있습니다.

이 점에서 제가 보기에 탈코르셋 운동의 인식론적이며 실질적인 실천 방법은 총 네 단계를 거칩니다.

첫 번째, '아름다운 여성성'이라는 성적 규범이 얼마나 실질적으로 일상 안에서 여성을 스스로의 몸과 불화하게 하고 자기혐오와 고통, 불편함 속에 놓이게 하는 슬픔의 정동의 원인인지를 깨닫는 것으로부터 출발합니다.

두 번째, 여성들이 갖는 스스로의 몸에 대한 혐오와 아름다움에 대한 강박, 획일적 여성성이야말로 여성을 통치하고 그 존재역량을 억압하는 가부장제 이데올로기이자 구조적 지배장치임을 인지하고 그 슬픔의 정동의 원인과 절연하며 이에 결코 동조하지 않기를 결심해야 합니다.

세 번째, 사실상 아름다운 여성성 수행 등과 같은 가부장제 이데올로기를 수용했을 때 여성은 단순히 고통만이 아니라 그 미션을 성공했을 때 돌아오는 달콤한 수혜의 몫이 있지만, 나의 일상 안에서 그 달콤한 당근과 수혜의 몫마저 점차 포기하고 덜어낼 줄 아는 겸허함과 이를 구체적으로 실천할 줄 아는 실행력이 필요합니다. 또한 건강, 비전, 공동체, 지식, 야망 등과 같은 다각적 요소들과 나의 몸과의 접속·연결을 역동적으로 정립하고 나의 감각, 정서, 정동, 경험을 새로이 축조해 나가는 것을 통해 기쁨의 정동을 체험하며 스스로를 쉽게 포기하거나 자책하지 말고 장기전으로 실행해 나갈 의지를 다져야 합니다.

네 번째, 이처럼 탈코르셋 운동으로 인한 수혜의 몫의 포기가 앞으로의 미래의 어린 여성 세대들에게 동일한 여성 억압의 구조를 대물림하지 않고 그들이 자신들의 몸과 화해하고 새로운 혁명의 서사를 써내려 갈 수 있을 것이라는 믿음과 희망을 놓지 않으며 나아가야 하는 것입니다.

[질문 2] "저는 취업을 준비하고 있는데 탈코르셋 운동의 실천과 대립되어서 고민이고 자괴감도 듭니다. 어떻게 하면 좋을까요?"

우선 취업을 위해 요구되는 이력서의 사진, 가족배경과 자산의 기재, 용모단정의 규준들은 모두 한 개인이 지닌 역량과 전문성, 업무 실행력, 창의력과는 무관한 사항들이기에 우리는 관련 요건들에 대한 차별을 금지하는 헌법이나 법조항 신설을 촉구하고 주장해야 합니다. 여성 취업 종사자의 업무능력 이외의 요소들—아름다움, 단정함, 특정 복장의 조건, 나이 등—을 사업장에서 요구하는 환경 자체를 법적으로 처벌·감독해야 하고 외모품평과 성적 희롱, 조롱과 비하에 대한 엄정한 사회적 인식 개선을 요청해야 하는 것입니다.

성차별적인 외모 요건의 조항들을 통해 우리는 여성과 남성의 신체자원이 성별 계급성이라는 차등적인 사회적 조건 아래 상이한 강도로 배치되고 분배됨을 알 수 있습니다. 만약 현재 취업을 준비하고 계신다면 여성의 성 상품화와 복장 조건이 엄격히 유지되는 직종들이 아닌 분야들을 찾아보고 그에 관련된 역량을 전문적으로 쌓아나가는 것을 추천드립니다. 또한 탈코르셋 운동 자체가 일상 안의 개인적 실천일 뿐만 아니라 한 발 더 나아가 법조항에 대한 정책적 촉구가 될 수도 있습니다. 성별에 따른 외모 요건으로 인한 사회적 차별을 처벌하고 금지하는 법조항의 신설을 체계적으로 요구하는 것 역시 탈코르셋 운동의 일환입니다.

탈코르셋을 실천하는 여성들이 점점 많아져서 공동의 전선을 수립할수록 성차별적인 외모 요건과 성 상품화를 여성 종사자의 직무 경쟁력과 연결시키는 가부장적 사회의 관행이 더 이상 용인되지 않는 환경으로 변화하고 이행할 수 있을 것입니다.

[질문 3] "제가 보기에 탈코르셋 운동은 일부 소수 여성들이 실천하는 운동인데 언론에서 너무 과대하게 그 효과를 부풀리는 것 같습니다. 선생님의 생각은 어떠신가요?"

한국 사회에서 탈코르셋 운동은 파급력과 이슈 선점력, 영향력의 측면에서 무시할 수 없는 효과를 낳고 있습니다. BBC와 같은 해외 언론이나 국내 주요 언론에서 탈코르셋 운동에 대한 열기어린 취재와 관심이 많을 뿐만 아니라 우리 사회 안에서도 탈코르셋 운동의 의의에 동감하고 이를 지지하는 여성들이 상당히 많습니다. 왜냐하면 이때껏 여성들은 몸과의 관계에서 늘 불화와 혐오의 감정을 지닌 채 다이어트와 성형, 예뻐져야 한다는 강박에 시달려 왔는데, 탈코르셋 운동은 여성의 몸을 고통에 빠지게 하는 외모 꾸미기의 사회적 규범으로부터 탈주가 가능하다는 선언이기에 이는 여성들에게 온 존재를 관통하는 이야기로 다가가기 때문입니다.

지금까지 여성들은 예뻐진다는 것이 불편함과 신체적 고통을 감내하고서라도 얻어야 할 가치라고 믿어왔지만, 이제는 탈코르셋 운동을 실천한 여성들의 사진과 수기, 성공전략들을 보며 '나도 이 코르셋의 고통으로부터 조금이라도 해방되고 싶다'는 생각을 공유하게 된 것입니다. 또한 이처럼 많은 여성들의 탈코르셋 운동에 대한 공감과 지지의 여파는 자본주의 상품시장의 경향마저 바뀌게 하고 있습니다.

이미 유명 브랜드 브라의 광고에서는 아름다움을 위해 편안함을 포기했던 과거에서 벗어나 편안함이 곧 아름다움이라고 속삭이는 여성 모델이 출연하고 있으며, 아름다울 미(美)는 타인을 위한 것이 아니라 'me', 즉 나를 위한 것이라는 여성 화장품의 광고문구도 등장하고 있습니다. 이는 자본주의가 아주 탄력적이며 영리하게 여성 소비자들의 탈코르셋 운동 여파를 반영하고 주요 고객층의 니즈를 흡수하려는 전략으로 보이기도 합니다.

이러한 현상은 자본주의가 탈코르셋이라는 규범성 탈주의 운동을 자신의 방식으로 흡수하고 반영하여 재정초하려는 움직임이기에 여성들은 이를 기민하고 명철한 시선으로 관찰하고 비판할 필요가 있습니다. 자본주의가 탈코르셋 운동의 역동적이며 고정화되지 않은 흐름을 소비주의 문화 안에서 재정초하고 고정화하려는 순간, 우리는 그것을 다시 비판하고 탈주를 꾀함으로써 탈코르셋의 격렬한 흐름을 자본주의가 끊임없이 새로이 재흡수하고 따르도록 만들어야 하는 것입니다.

감히 예견하건대 편안하고 활동적인 사이즈의 바지와 속옷을 찾는 여성들이 많으면 많아질수록 향후 1~2년 안에 여성과 남성 모두를 위한 편안하고 중성적인 스타일을 타겟으로 한 의류 브랜드, 속옷 브랜드가 런칭될 것이라고 봅니다. 이처럼 우리 여성들은 탈코르셋 운동을 통해 다른 방식으로 소비하고 입고 마시고 욕망하고 존재함으로써 일상을 바꾸고 조율하며 새로운 세계 인식과 페미니즘 윤리학의 추동체가 되어가는 것입니다.

탈코르셋 운동이 표방하는 것은 여성성의 인위적 장치들로부터 탈주하고 새로운 몸의 욕망을 여성 스스로가 정초해 내는 혁명을 꿈꾸는 것입니다. 들뢰즈와 가타리의 개념틀로 보자면, 탈코르셋 여성들은 남성 코스프레도 아니요 금욕주의도 아닌, 가부장제 매트릭스 바깥의 욕망을 조합·생산해 내고 있습니다. 그러하기에 기성세대들인 교육자들과 운동가들은 이 젊은 세대들이 일궈내는 혁명의 의미를 발굴해 내고 여성 억압에 항거하는 그들의 실천에 용기를 북돋우고 기꺼이 동참해야 한다고 생각합니다.

부록

코르셋의 간략한 역사

(윤김지영)

코르셋이란 단지 우리 몸의 형상을 보정하는 용도에 그치는 것이 아닙니다. 코르셋은 우리 몸을 갇히게 하는 포박의 장치로 기능합니다. 여기서는 그 포박의 역사를 한 번 살펴보겠습니다.

코르셋(corset)이라는 말은 몸을 뜻하는 라틴어 단어 'corpus'에서 유래했습니다. 이것은 스페인 궁정에서 16세기부터 시작하여 20세기 초반까지 사용되었던 여성용 속옷을 지칭합니다. 코르셋은 시대에 따라 다양한 미적 준거를 따르기 위해 여성의 상체를 보정하는 용도를 가졌습니다.

16세기 초반의 코르셋은 원뿔형의 형상으로 가슴을 평평하게 하고 등을 꼿꼿하게 만들어 영혼의 강인함과 도덕적 정직성이라는 남성 귀족의 형상을 재현해 내고자 하는 목적을 지

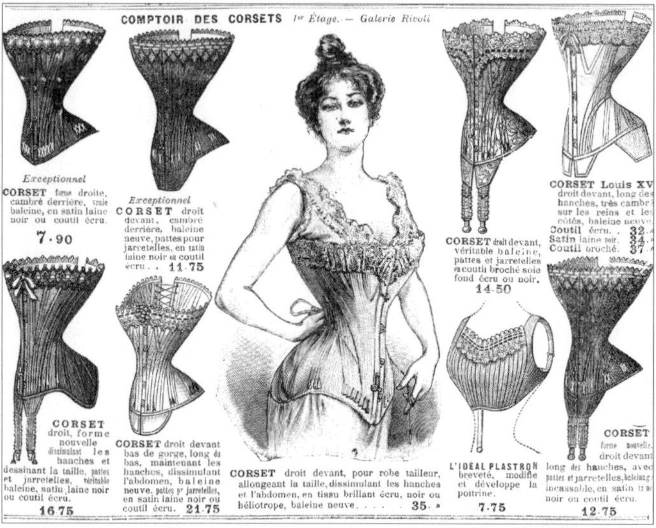

코르셋이란 단지 우리 몸의 형상을 보정하는 용도에 그치는 것이 아니다. 코르셋은 우리 몸을 갇히게 하는 포박의 장치로 기능한다.

냈습니다.[63] 이로 인해 코르셋은 16세기 말부터 매우 비싼 물건 중의 하나가 됩니다.[64] 이처럼 코르셋은 여성과 남성 간의 신체적 차이를 무화하여 귀족 남성의 신체 형상과 똑같이 만들고자 하는 동일화의 작용을 통해 신체적, 정신적 고귀성을 드러내고자 한 것입니다.

여기에는 여성의 신체 자체에 대한 거부와 여성의 신체를 정신적 추함의 근간으로 설정한 원리가 전제되어 있다는 점에서 여성혐오적인 측면이 있습니다. 다시 말해 정신과 고결성, 정직함을 남성의 영역이자 귀족의 영역으로, 추함과 도덕적 결함 등을 여성의 영역이자 하층민의 영역으로 이분화한 것입니다. 이때 여성혐오와 신분제라는 계급제도가 중층적으로 교직되어 나타남을 알 수 있습니다. 우리가 주목해야 할 것은 여성의 신체 형상에 있는 굴곡짐과 구부정함 등이 하층민의 그것과 유사한 것으로 여겨졌다는 점입니다. 이미 여성의 신체적 특징을 계급제도에서의 하층민의 징표이자 열등함의 표식으로 규정했다는 점에서 초기에 등장한 코르셋도 여성혐오에 관통되어 있는 것임이 드러납니다.

이러한 신분적 고귀함과 고결성, 정신성의 원본에 귀족 남성과 군인 계급에 있는 남성성의 세계를 상정해둔 반면, 이를 끊임없이 모방, 모사하고자 하는 이들의 그룹에는 여성과 하층민을 놓아둔 것입니다. 그리하여 17세기와 18세기에는 귀족계급 여성만이 아니라 하층민 여성들도 이러한 코르셋을 장착하여 입음으로써 모방이라는 재현의 체계에 들어오게 됩니다. 하층민 여성의 코르셋 장착은 우스꽝스러운 일로 희화화되어 당시의 삽화 등에서 멸시적 존재로 재현되기도 했습니다.

이처럼 원본과 사본의 관계에서 남성 귀족은 존재 밀도의 함량이 가장 높은 이로서 존재의 표준형을 독점하고 있다는 사실을 16~18세기 코르셋 문화는 잘 보여줍니다. 여기서 주목할 것은 아무리 여성이 자신의 신체 형상의 굴곡을 지운다 해도 원본인 귀족 남성을 넘어설 수 없는 존재라는 것과 여성의 고귀함은 남성 귀족 체제가 승인해주는 사후적 효과일 뿐이라는 것입니다. 남성에게 코르셋이 매우 높은 계층에게만 독점되어 있는 정신적, 물리적 갑옷과 같은 효과를 내는 것으로 여겨졌다면, 이에 대한 남성 모사와 남성 동일시 구조는 남성에 의한 승인체제와 위계장치의 하나로 해석될 수 있습니다.

그런데 19세기에 들어오면서 코르셋의 형태와 목적도 달라집니다. 19세기부터 코르셋의 형태는 모래시계 형태로 변형됨으로써 잘록한 허리에 풍만한 가슴 형상을 강조하여 여성의 신체 형상을 과도하게 과장하고 부각하는 방향으로 나아가게 됩니다.

이러한 과장의 원칙은 여성의 몸에 대한 과잉 성애화와 이어지면서 여성의 선천적인 신체 형상으로 이를 자연화함과 동시에, 코르셋을 장착하지 않은 몸은 결코 구현할 수 없는 과장의 산물인 성애화된 몸 형상을 이상적이며 문화적 기호로 여기도록 만들었습니다. 19세기 코르셋의 주요 기능은 허리를 가늘게 하는 것이었습니다. 가슴 형태가 풍만해지는 것은 허리를 압박한 결과로, 그 대비적 효과로 인한 부차적인 요소라 할 수 있었습니다.

그렇다면 왜 하필 이렇게 가는 허리를 목적으로 한 것일까요? 왜냐하면 가느다란 허리는 남성의 손에서 한 번에 잡히는 몸, 통제가 손쉬운 몸, 남성의 신체적, 물리적 힘의 우위가 고스란히 입증되는 몸이자 여성의 신체 운용 반경을 즉각적으로 한 손으로 교정할 수 있는 몸을 뜻하기 때문입니다. 이러한 코르셋은 실질적으로 장기 눌림, 피 토함, 염증 유발, 갈비뼈의 부스러짐, 압착 형태라는 신체 변형을 가져올 뿐만 아니라 호흡 곤란과 기절, 잦은 열감, 염증 등을 수반하기도 했습니다.

또한 코르셋이라는 몸통에 들어가기 위해서는 스스로의 몸을 그 안에 포박시켜야 하며 이를 유지하기 위해 끈으로 졸라매야 합니다. 왜냐하면 자신의 몸통을 압박하고 압착시키는 방식으로만 코르셋이라는 보정, 교정되고 이상화된 몸통을 가질

코르셋이라는 몸통에 들어가기 위해서는 스스로의 몸을 그 안에 포박시켜야 하며 이를 유지하기 위해 끈으로 졸라매야 한다. 코르셋은 단순한 속옷의 의미가 아닌 새로운 몸통, 순응적 몸, 규범화된 몸을 산출하는 메커니즘이다.

수 있기 때문입니다. 이러한 맥락에서 코르셋은 단순한 속옷의 의미가 아닌 새로운 몸통, 순응적 몸, 규범화된 몸을 산출하는 메커니즘인 것입니다.

남성들이 입는 갑옷이 전쟁터에서 창이나 화살 등에 공격당해 치명상을 입지 않기 위한 보호 장치라면, 여성들이 입는 코르셋은 여성의 신체 장기 훼손과 변형 등으로 인해 자신의 갈비뼈에 찔려 죽거나 염증을 일으키는 병리적 증상들을 여성의 실존 조건의 하나로 안고 살아가야 하는 족쇄이자 스스로에게 상해를 일으키는 장치였던 것입니다. 왜냐하면 여성의 몸은 그 숱한 불편함과 고통을 견뎌내는 몸, 고통에 의해 약화된 몸을 가장 여성화된 상태로 여겨왔기 때문입니다. 왜냐하면 건강이 넘치는 몸, 활기에 가득한 몸, 방기된 몸은 이미 남성적 몸의 특권이기 때문입니다.

주

1 이 글은 윤지선의 '페미니즘 철학 세미나' 시즌 2의 「탈코르셋 강연록」과 「페미니즘 지질-경제-정동역학: 탈지층화-노동-정동-물질 개념 프리즘을 통한 탈코르셋 운동의 의미경제 분석」 논문을 수정·보완, 보충한 것임을 밝혀둔다.

2 윤지선, 「장기-몸(intestins-corps)의 봉기로서의 출산: 들뢰즈와 가따리의 '기관없는 신체' 이후」, 『철학연구』 제115집, 철학연구회, 2016, 172쪽.

3 '오크녀'란 추녀를 오크(판타지 소설 속에서 끔찍한 외형을 지니고 사악한 세력을 수호하는 병사 괴물의 이름)라고 부르는 멸칭이다.

4 윤지영, 「분노의 형이상학: 존재론적, 인식론적, 정치적 범주로서의 분노의 성정치학」, 계명대학교 여성학 연구소 추계학술 대회(2018. 11), 13쪽.

5 이는 데리다에 의해 창안된 개념으로 언어, 법률, 학문, 도덕, 종교 등과 같은 모든 규범적 언어질서 체계가 남성중심적으로 구축되어 있다는 것이다.

6 데카르트, 『방법서설/성찰/철학의 원리』, 소두영 옮김, 동서문화사, 2016, 108-109쪽.

7 남초 사이트에서 뚱뚱하고 못생긴 여성에 대한 혐오와 조롱, 욕설의 수위는 매우 극단적이며 폭력적이다.

8 내가 보기에 인식론적, 실천적 담론 지형의 구조적 판으로서의 '판'(plan/plaque)은 이중적 의미를 경유하고 있다. 첫째, 들뢰즈와 가타리의 "plan d'organisation"(조직화의 판)에서의 판(plan)은 정상적 규범성과 인식론, 욕망담론이라는 다각적 요소들이 가부장제라는 수직적 질서의 자장에 의해 개편되어 유기적이고 위계적·획일적으로 배치, 접속, 정렬되어지는 구조적 장을 뜻한다. 페미니즘은 이러한 구조적 판의 질서를 깨고 "수평적 관계의 차원에서 다양하고 상이한 요소들을 새로이 접속, 연결, 배치시키는 조성의 판(plan de consistance)"을 전복적으로 도입시킨다. 둘째, 지질학적 차원에서의 판인 'plaque'로서의 지각판(tectoniques des plaques)은 지층화를 통한 각화 작용과 퇴적을 통한 위계적 조직화 작용의 각인을 실어 나르는 동시에 "지구의 겉부분을 둘러싸고 있는 유동적 판"이기도 하다. 그리하여 이 판(plaque)은 점성이 있는 맨틀의 대류작용에 의해 여러 개의 지각판들이 끊임없이 이동·충돌하며 기존의 지형과 지층들을 융기, 침강, 단절, 전복시킬 수 있다는 점에서, 모순되고 복합적인 층위의 역량들의 다발체가 발산하는 지점이라고 볼 수 있다. 따라서 한 사회의 기저에서 작동하는 구조적 판은 그 자체로 확고부동하고 고정화된 실체라기보다는 내적 균열과 불안정성, 비균질적 역동성과 운동주기에 의해 추동된다는 역학적(dynamic) 관점에서 접근할 필요가 있다.

9 윤지선, 「들뢰즈와 가따리의 『천 개의 고원』 용어 분석론 - 지질학적 공간의 탐사작업으로서의 철학」, 『철학논집』 제43집, 서강대학교 철학연구소, 2015, 272-273쪽.

10 Deleuze, Guattari, *Mille plateaux*, 197쪽. "우리를 가장 직접적으로 속박하는 세 가지 지층은 유기체, 의미화, 주체화이다." 여기서 유기체, 의미화, 주체화는 각각 "생물학적-신체적 차원, 무의식적-구조주의적 차원, 의식적-사회적 차원"에서 이루어지는 지층화 작용이라 볼

수 있다.

11 젊은 여성 세대들 사이에서 일어나는 비연애-비섹스-비혼-비출산의 운동을 4B(4非) 운동이라고 부른다.

12 『표준국어대사전』의 '발파' 정의는 다음과 같다. "바위나 지층, 대상물 속에 구멍을 뚫어 폭약을 재어 넣고 폭파시킴."

13 Deleuze, *L'Abécédaire de Gilles Deleuze*. interviewé par Parnet. C. 1988-1989, D comme désir.

14 윤지영, 「분노의 형이상학: 존재론적, 인식론적, 정치적 범주로서의 분노의 성정치학」, 14-15쪽. "로맨스라는 사랑 서사가 폭력의 예외점이 아닌, 상징적 폭력의 정점에 거하는 남성 지배의 고도화된 전술임이 드러난다. […] 이상화된 연애의 시작점도 남성에 의해 욕망할 만한 몸으로 판단된 후에야 가능하며 이러한 적합한 욕망의 대상이 된 자신의 신체에 대한 접근성을 남성에게 허용하는 과정이 연애의 진전 속도로서 이해되고 있다. 뿐만 아니라, 이별이라는 사랑 서사의 결말도 남성의 스토킹이나 폭언, 디지털 성폭력인 유포협박 등에 의해 지연됨으로써 연애서사의 시작점도 결말점도 여성이 결코 자유롭게 결정할 수 있는 사안이 아님이 드러난다. 나아가 성애의 서사에서 여성의 성감대는 남성의 욕망 자극소이자 부계혈통을 재생산하기 위한 생식기라는 유기체적 조직화의 지점으로 국한되어왔다."

15 마르크스, 『자본론 제1권(상)』, 김수행 옮김, 비봉출판사, 2001, 55쪽; 손성철, 「마르크스 『자본론』」, 『철학사상』 별책 제3권 제18호, 서울대학교 철학사상연구소, 2004, 44쪽.

16 마르크스, 『자본론 제1권(상)』, 193/237쪽. 이는 자연으로부터 직접적으로 주어진 노동대상, 자원을 가리킨다.

17 손성철, 「마르크스 『자본론』」, 78쪽. "예를 들어 광맥에서 바로 채취된 광석은 천연적 노동대상이지만 세공과정을 거친 광석은 인간의 노동

을 통해서 변형된 것이기에 '가공된 노동대상'이 된다. 이처럼 가공된 노동대상이란 노동을 통해서 변형된 노동대상을 가리킨다."

18 손성철, 「마르크스 『자본론』」, 46쪽.

19 마르크스에 따르면 '추상적 인간노동'은 생리학적 의미에서 인간의 노동역량—두뇌, 신경세포, 근육 등—을 소모, 지출하는 것이다.

20 손성철, 「마르크스 『자본론』」, 68-69쪽.

21 손성철, 「마르크스 『자본론』」, 69쪽.

22 손성철, 「마르크스 『자본론』」, 75쪽. "노동 과정의 단순한 요소들은 ① 인간의 합목적적 활동, 즉 노동 그 자체, ② 노동 대상, ③ 노동 수단이다(『자본론』 1권, 193/236-7쪽). 노동이 실제적으로 이루어지기 위해서 다음과 같은 세 가지 요소가 요구된다. 우선 ① 인간의 합목적적 활동으로서 '노동'이 있어야 하는데 이것을 마르크스는 때로는 '노동력'이라고 말하기도 한다. ② 이러한 노동이 가해지는 '노동대상'이 있어야 한다. ③ 인간과 노동대상을 매개하는 '노동수단'이 있어야 한다. 이 중에서 '노동대상'과 '노동수단'을 합쳐서 '생산수단'이라고 부른다."

23 마르크스, 『자본론 제1권(상)』, 161-2/190쪽. "화폐로서의 화폐와 자본으로서의 화폐는 우선 양자의 유통 형태가 서로 다르다는 점에 의해서만 구별된다. 상품 유통의 직접적 형태는 C(상품)-M(화폐)-C(상품)이다. 즉 상품의 화폐로 전환과 화폐의 상품으로 재전환, 다시 말해 구매를 위한 판매이다. 그러나 이 형태와 아울러 그것과는 전혀 다른 형태로서 M(화폐)-C(상품)-M(화폐)을 발견하게 된다. 즉 화폐의 상품으로 전환과 상품의 화폐로 재전환, 다시 말해 판매를 위한 구매를 발견하게 된다. 후자의 형태로 유통하는 화폐는 자본으로 전환하여 자본이 되고, 그 기능의 관점에서 보면 이미 자본이다."

24 서비스직에 종사하는 여성들은 자신의 노동력—감정노동, 물리적 노

동—뿐만 아니라 용모단정의 규준을 엄격히 준수함으로써만 노동시장의 상품으로 제대로 인정받을 수 있다는 점에서 여성 노동자는 남성 노동자와는 대별되는 방식으로 취급되는 불평등한 사회적 조건에 놓여 있다.

25 성별 계급성에 따른 남성, 여성의 신체자원의 불평등한 분배는 성적 정결성의 사회적 요구의 측면에서도 극명히 드러난다. 윤지선, 「가부장제 의미경제 구조분석을 통한 인공 임신중절 담론 재고찰」, 『철학연구』 제121집, 철학연구회, 2018, 71쪽. "여성 교환경제 체제가 지배하는 사회가 (미혼·기혼) 남성의 성적 소비에는 관용적이고 고무적인 이유는 그들의 몸과 성이 결코 가부장적 교환가치로 환원되지 않는 성질의 것이기 때문이다. 반면 위에서 살펴본 대로 여성의 성은 순수 부계혈통의 자손을 확증시켜줄, 순결하고 정결한 몸(자궁)이라는 교환가치로 끊임없이 환원되는 것이기에 사회 속 미혼 여성의 성적 소비는 터부시되거나 억압적으로 다루어진다."

26 손성철, 「마르크스 『자본론』」, 146쪽. "자본주의적 생산은 상품이나 잉여가치를 재생산하면서 동시에 생산관계도 재생산한다. 생산물을 재생산하는 과정에서 자본가는 재투자를 통해 생산수단을 그대로 유지할 수 있으며 노동력을 구입할 수 있는 능력도 그대로 유지할 수 있다. 반면에 노동자는 자신의 노동력을 유지할 수 있는 비용만을 임금의 형태로 받기 때문에 생산수단을 구입할 수 있는 자본을 축적할 수 없다. 따라서 생산물의 재생산의 과정에서 자본주의적 생산관계, 즉 자본가와 노동자의 관계도 그대로 재생산되는 것이다."

27 윤지선, 「가부장제 의미경제 구조분석을 통한 인공 임신중절 담론 재고찰」, 78쪽. "엄밀한 의미에서 모든 페니스의 소유자가 팔루스라는 사회문화적 권력의 담지자가 될 수 없다는 점에서 페니스와 팔루스의 근원적 간극의 비극이 드러난다."

28 투사는 주로 남성들에게 일어나는 심리적 방어기제로서 라틴어 어원을 분석해본다면 'pro-'는 '~앞으로', 'jectio'는 '내던지다'라는 뜻이 있다. 이는 자신의 내부에 있는 불안이나 충동, 잡념, 부정적 감정의 원인을 자신의 외부에 있는 대상들—환경, 주변인물, 사회적 약자들—에게 투사하여 내던짐으로써 스스로의 잘못과 허약함을 외부의 원인과 탓으로 돌리는 경향을 일컫는다.

29 윤지선, 「탈코르셋 의미경제 분석」, '페미니즘 철학 세미나' 시즌 2, 첫 번째 세미나, 2018, 3쪽.

30 윤지선, 「탈코르셋 의미경제 분석」, 2쪽.

31 프랑스어로 'corps'는 신체와 물질성을 지닌 사물들이나 물체를 모두 지칭한다.

32 Deleuze, *Cours de Vincennes sur Spinoza*, 1978, 62쪽. www.webdeleuze.com. "Affection, [···] un effet, ou l'action qu'un corps produit sur un autre". 64쪽: "Affection(감응력)이란 무엇인가? 외부 사물의 (감각적, 관념적) 상들과 그 상들이 나에게 일으키는 감응 효과이다."

33 이처럼 스피노자는 이 세상을 물질성(matérialité)을 지닌 신체들 간의 조우와 상호작용의 관계망으로 읽어내고 있다는 점에서 기존의 관념론적 철학의 한계를 넘어서고 있다. 나는 Affection(감응력)에 대해 이런 도식화된 통찰을 제공해준 Comprendre Spinoza의 Ep2 Spinoza et les affects의 강의 영상을 참조했다. https://www.youtube.com/watch?v=WSJOIXfFXBM

34 스피노자의 affection(affectio)에 대한 국내 번역은 '정서, 변용' 등으로 다양하며 이 용어 번역에 대한 논쟁도 상당히 치열하다(조강석 2016, 진태원 2016, 김재인 2017). 스피노자의 affection은 라틴어의 afficere, 즉 불어의 동사 affecter, '~에 영향을 미치다, 작용하다'의 의미로부터 파생되었으며 들뢰즈가 「스피노자에 관한 뱅센 수업」에서 설명한 것

처럼 affection은 "하나의 신체가 다른 신체 위에 일으키는 작용이자 효과"라는 점에서 일차적으로는 '변용'으로 읽힐 수 있다. 하지만 한여름의 뜨거운 태양 아래 일광욕을 즐기는 프랑스인에게 일어나는 affection은 단순히 태양광선이 그의 피부 표면에 일으키는 뜨거운 감각과 태닝작용뿐만 아니라 그 작용의 느낌 및 감각과 함께 떠오르는 태닝된 피부에 대한 미적 찬사, 성적 매력이라는 관념의 상들이 동반된다는 점에서, '변용'이라는 번역어는 신체 간의 물리적, 감각적 작용뿐만 아니라 그것이 일으키는 정서적, 관념적 작용의 차원까지 아우르는 용어로는 다소 어색하거나 부족한 측면이 있어 보인다. 따라서 나는 하나의 신체가 다른 신체라는 요소와 조우할 때 일어나는 특정한 감각(perception)과 물리적 변화작용뿐만 아니라 다양한 정서적, 관념적 상들까지 아우르는 보다 섬세한 용어로 '감응력'을 제안해본다. 그렇다면 일광욕이라는 똑같은 사태에 대한 프랑스인과 한국인의 affection은 왜 상이하게 나타나는가? 이는 태양광선이라는 특정 물질에 대한 노출반응으로서의 감각적 상(perception)뿐만이 아니라 사회문화적 코드에 의해 다르게 해석되는 정서적 상(image)들의 연쇄적 반응이 동반되기에 이미 affection의 차원에서 국적—신체가 놓여 있는 사회문화적 조건—에 따른 신체의 상이한 반응의 차이, 감응력의 차이가 드러나는 것이다. 그리하여 프랑스인은 일광욕에서 자신의 신체에 일어나는 뜨거운 감각과 태닝된 피부(감각상), 그에 대한 성적 매력(관념상)이라는 특정한 감응력의 연결망을 형성하는 데 반해, 똑같은 해변의 태양 아래에서 한국인은 뜨거운 감각과 태닝된 피부, 그러한 피부에 대한 사회적 백안시라는 상이한 감응력의 연결망을 조성하게 된다.

35 다이어트에 성공 또는 실패한 후 자신의 모습에 대한 사람들의 긍정적, 부정적 반응, 그리고 이로 인한 즐거움과 슬픔의 정동이 함축된

과거의 경험이 특정 정서의 상들을 실어 나른다.

36 시대나 유행에 따른 미적 기준의 세분화와 여성 신체 각 부분에 대한 표준적 수치와 형태의 판정기준 등이 지속적으로 늘어난다.

37 Spinoza, *Ethique*, traduite par Charles Appuhn, Garnier, 1929, 54쪽.

38 윤지영, 「남성지배의 몸과 남근 이데올로기의 문제: 페니스 나르시시즘과 페니스 카르텔의 해체전략」, 건국대 몸문화연구소 가을학술대회, 2018, 4쪽. "여성이라는 범주는 구체적 억압현실의 조건이자 저항적 몸이라는 대항 지점으로서 물질성과 기표, 억압과 저항이라는 양가성 속에서 끊임없이 재구성되는 것이기 때문이다. 또한 여성의 열등성과 신체성을 차별의 원인으로 보는 것은 남성중심적 가치체계의 일방적, 비대칭적 의미효과이자 통치효과인 것이지 이것이 여성에게 본래적으로 내재하는 행위속성이나 특질의 결과가 아니기 때문이다."

39 Samantha Frost, "The implications of the New materialism for Feminist Epistemology", *Feminist Epistemology and Philosophy of Science*, Springer, 2011, 74쪽. 그는 페미니즘의 이론적 지형 내에서의 물질과 신체의 위상을 다음과 같이 설명하고 있다. 신물질주의 페미니즘 이론가들에 의하면 여성 신체의 물질성에 대한 부인의 기원은 데카르트의 위계적 심신이원론에 의해서 공고화되었고 그가 규정했던 물질(Matter)과 신체(Body, Corps)의 속성이 수동성과 고정성, 법칙성에 머물러 있었기에 항시 자연적 신체로서의 여성의 몸은 보수적인 자연적 본질주의 담론(모성의 몸 담론)에 빠질 위험에 놓여 있었다. 그리하여 포스트-페미니즘의 물결 내에서 여성 신체의 물질적 위상은 점차 부인·해체되었고 사회문화적으로 구성되는 여성 기표의 담론적 효과들과 수행성의 의미에만 주목함으로써 여성의 물질적 신체가 겪는 사회적 억압현실과 그 신체가 지닌 구체적 역량의 가능성들을 간과하게 된다.

40 Kameron Sanzo, "New Materialism(s)", 2018. "Feminist theorists began to emphasise the material of the body, considering differences among bodies, and to think through the intersections of material and social constructions." http://criticalposthumanism.net/genealogy/new-materialisms/

41 Deleuze, *Spinoza. Philosophie pratique*, Paris: Minuit, 1981, 125쪽. "스피노자는 어떻게 신체를 정의내리고 있는가? 한편으로 신체(물체, Corps)란 아무리 작더라도 항상 무한한 입자들을 포함한다. 하나의 신체와 신체의 개체성을 정의하는 것은 입자들 간의 정지와 운동의 관계, 빠름과 느림의 관계이다. 다른 한편으로 신체는 다른 신체들에 작용하여 영향력을 미치거나 다른 신체들에 의해 영향을 받기도 한다. 개체성 안에서 하나의 신체를 정의내리는 것은 한 신체가 일으키는 상호감응 역량에 의해서이다."

42 김숙진, 「아상블라주의 개념과 지리학적 함의」, 『대한지리학회지』 제51권 제3호, 2016, 312쪽. "최근 관계적 전환(relational turn)과 물질적 전환(material turn)이라는 거대한 흐름에 있는 지리학에서도 아상블라주 개념은 행위자연결망 이론(ANT, Actor-Network Theory)과 함께 그 중요성이 더해가고 있다. 언어(language), 재현(representation), 담론(discourse)이 1990년대의 주요 개념이었다면, 아상블라주, 행위자연결망, 물질성(materiality)은 2000년대의 주요 개념이라고 할 수 있다. 1980년대 후반 문화적 전환(cultural turn)의 결과로서 지리학에서 의미에 대해 심취해 있었다면, 이제 물질성—객체, 신체, 물질—에 대한 관심으로 다시 방향이 옮겨갔다고 할 수 있다."

43 Manuel DeLanda, "Course on 'Deleuze and the new materialism'", 2009, in European Graduate School, https://www.youtube.com/watch?v=EcqRGy9T32c&list=PL89486F69C05EF27B

44 데란다의 조합체 이론과 라투르의 ANT(행위자-연결망 이론)와의 차이점은 다음과 같다. 김숙진, 「아상블라주의 개념과 지리학적 함의」, 318쪽. "아상블라주 이론이 ANT와 다른 형태의 관계적 사고와 차이점을 보이는 부분은 바로 '관계의 외재성'(the exteriority of relations)이다. 들뢰즈는 사회적 질서(social order)의 견고성과 변형성을 이해하는 데 있어 핵심적인 것으로 바로 '관계가 그들의 조건에 외부적이다'(relations are external to their terms)는 점을 든다. 보통은 관계를 특정 형태의 접촉과 교환을 통해 원자적 개체들 간에 형성되는 2차적 연결로 보거나, 개체들은 그들의 관계에 의해 전적으로 결정된다고 본다. 즉 아주 작은 것이라도 관계의 변화는 관련된 사물을 변화시키게 된다. 그러나 들뢰즈는 관계에 대한 대안적 개념을 제안한다. 사물 또는 개체는 그것의 관계에 의해 결정되기보다 조건지워진다는 것이다. 그래서 관계는 관련된 조건(terms)으로부터 자율성을 가진다. 들뢰즈에게 아상블라주라는 용어는 이종적인 부분들이 특정 형태를 지닌 일시적이고 개방된 전체(whole)로 되는 상호작용을 기술하기 위한 것이다. 아상블라주는 일련의 구성 부분들로 환원되지도 않고, 유기적 통일체로 인식되지도 않는, 다양한 몸체의 할로킨 재킷 또는 패치워크인 것이다(Anderson et al. 2012: 176-177)."

45 Delanda, *A new philosophy of society: Assemblage Theory and Social Complexity*, Continuum, 2006, 10-11쪽. 데란다는 조합물(assemblage) 이론 강의에서 다음과 같은 예시를 든다. '몽골 초원 위의 말을 탄 사냥꾼 남자'는 초원, 말, 사냥꾼, 활, 남성, 유목생활이라는 다양하며 이질적인 요소들이 특정 방식으로 배치·결합된 새로운 조합물(assemblage)이지만 이러한 요소들은 언제든지 각각의 요소들로 분리 가능하며 새로운 요소들과의 접속을 통해 새로운 조합물을 이루어낼 수 있다는 점에서 초원과 말, 남성이라는 물질적 신체들의 자

율적 실재성 또한 간과해선 안 된다는 것이다. Delanda, "Course on 'Assemblage Theory, Society, and Deleuze'", 2011, in European Graduate School. https://www.youtube.com/watch?v=J-I5e7ixw78

46 윤지영, 「분노의 형이상학」, 3쪽.

47 물질적, 비물질적, 인간적, 비인간적 요소들을 한꺼번에 아우른다.

48 아비투스란 일정하게 구조화된 개인의 성향체계로서 사회화 과정을 통해 구축되는 것이기에 타고난 천성이나 기질, 본능과는 대별된다. 그러므로 외모 꾸미기의 행위 패턴은 여성의 본능이 아니라고 말할 수 있다. 철학적으로 분석해본다면 '본능'이란 한 존재가 자신의 생존과 안위를 보존·지속하기 위해 주어진 외적, 내적 조건들에 적응한 상태의 역량을 뜻한다. 만약 '꾸미는 것이 여성의 본능'으로 여겨진다면 이는 이 사회에서 여성들이 스스로의 생존과 안위를 보존, 지속하기 위해서는 코르셋이라는 외적 조건에 자신들의 신체를 강제로 적응시켜야 한다는 의미이므로, 이 사회가 여성이 살아남기 힘든 차별적 사회라는 사실을 오히려 방증하는 것이다. 엄밀한 의미에서 보면 외모 꾸미기 담론은 이 사회가 여성에게 부과한 의무이자 성별 체계의 식별코드로서 각종 미디어와 가정교육, 일상담론 안에서 무릇 여성이라면 스스로를 잘 꾸미고 아름다워 보일 줄 아는 '여성적' 존재여야만 한다는 것을 주지시키고 있다. 외모서열의 기준과 품평은 여성들이 정하는 것이 아닌, 그것을 판단하는 사회와 남성들에 의해 구성된다는 것을 알아야 한다.

49 Bourdieu, *Distinction: A social critique of the judgement of taste*, Massachusetts: Harvard University Press, 1996, 466쪽. "the most automatic gestures or the apparently most insignificant techniques of the body—ways of walking or blowing one's nose, ways of eating or talking."

50 부르디외는 한 인터뷰에서 다음과 같이 말한다. "Les habitus sont le systeme de catégorie de perception, de pensée, d'action, d'appréciation." (아비투스는 지각과 사고, 행위와 취미판단 범주의 체계이다) https://www.youtube.com/watch?v=x48sZ1Gplo8&t=117s

51 Bourdieu, *Distinction: A social critique of the judgement of taste*, 466쪽. "The schemes of the habitus, the primary forms of classification."

52 Bourdieu, *Distinction: A social critique of the judgement of taste*, 466쪽. "It functions as a sort of social orientation, a 'sense of one's place', guiding the occupants of a given place in social space towards the social positions adjusted to their properties, and towards the practices or goods which befit the occupants of that position."

53 Deleuze, *Cours de vincennes sur Spinoza*, 1980, Séance 2. www.webdeleuze.com

54 Deleuze, Guattari, *Mille plateaux*, 58쪽. "우리는 질료를 점성판 또는 기관 없는 몸체라고 부른다. 즉 형식을 부여받지 않았고 유기적으로 조직화되지 않았으며 지층화되지 않거나 탈지층화된 몸체이다."

55 윤지선, 「들뢰즈와 가따리의 『천 개의 고원』 용어 분석론 - 지질학적 공간의 탐사작업으로서의 철학」, 277쪽.

56 윤지선, 「들뢰즈와 가따리의 『천 개의 고원』 용어 분석론 - 지질학적 공간의 탐사작업으로서의 철학」, 277쪽.

57 김숙진, 「아상블라주의 개념과 지리학적 함의」, 319쪽. "들뢰즈는 아상블라주의 내적 역동성이라는 개념을 유지하면서 불균질적인 모든 요소들이 모여들게 되는 방법에 초점을 맞춘다. 즉, 들뢰즈는 관계들이 필연적으로 어떤 유기체를 구성한다는 것을 전제로 하지 않고, 이종적인 개체들이 어떤 형태의 일시적인 관계로 되는 과정을 강조한다. 정리하자면, 아상블라주는 차이를 가로질러 존재하는 일련의 개

체들의 일시적 유지(holding)임과 동시에, 관계와 조건의 변화에 따른 이동과 변동의 계속적인 과정인 것이다(Anderson et al. 2012: 177)."

58 윤지선, 「들뢰즈와 가따리의 『천 개의 고원』 용어 분석론 - 지질학적 공간의 탐사작업으로서의 철학」, 277쪽.

59 Deleuze, *Cours de Vincennes sur Spinoza*, 1980, Séance 2. www.webdeleuze.com. "당신은 [누구인가]? 당신은 [당신이 지닌] 역량의 강도[정도]에 따라 정의되는 존재 방식의 결과물이다."(Vous? Vous êtes l'effet de la manière d'être défini par le degré de la puissance.)

60 그들은 여성을 향한 문지마 범죄를 '여성혐오범죄'로 명명하였고 14년간 지속되던 소라넷을 폐지하였으며 '국산 야동'이라고 불리며 버젓이 유통되던 불법촬영물을 '디지털 성범죄 영상'으로 재명명하며 이와 관련된 특별법 제정 요구와 더불어 성별에 따른 편파수사를 규탄하는 세계 최대 규모의 단일의제 여성 단독시위를 개최하였다.

61 조성의 판(plan de consistance)은 들뢰즈와 가타리의 『천 개의 고원』에서 나온 개념으로, 유기적으로 조직되거나 발전적으로 전개되는 지층화 작용의 판들과는 대별된다.

62 Spinoza, *Ethique*, IV, proposition 7, traduite par Charles Appuhn, Paris: Garnier, 1929

63 프랑스 위키피디아 참조. https://fr.wikipedia.org/wiki/Corset

64 Gabriel-Virgile-Joseph Baus, *Étude sur le corset*, Destout, 1910, 21쪽. (lire en ligne [archive]) Disponible sur Wikisource https://fr.wikisource.org/wiki/%C3%89tude_sur_le_corset/Chapitre_1